旅に出て考える

虹と蛇と鉄の神隠し

夢野良平

海鳥社

はじめに

私の初著である『ちょっと旅に出て』を出版して十二年目を迎えました。この度、再び書籍を出させていただくことになりました。思いつくまま、感じるままの旅行記です。

私が旅をしてきて感じていることは、人として、また日本人として、知っておかなくてはならない歴史が多すぎるということです。別に知らなくてもいいことはたっぷりと頭につまっています。

日本刀などを鍛錬（打って鍛える）すると非鉄不純物がふき出て、炭素量が整い、空孔が除去されます。私もこの本の製作のため数百回も読み返す鍛錬の作業でした。

私が宗像の地に夢野農場を開いたのは、二十八歳のときでした。最初の間は農場経営のことで精一杯でした。十五年を過ぎる頃にはやっと余裕もできて、はじめてまわりにいる野鳥や野草に関心が持てるようになりました。彫刻に凝っていた時期もありました。それから農場経営の合間の時間を使って、興味のあった歴史・民族・文化なども調べはじめたのです。

山奥であったり、半島の先であったり、離島などにも関心を持ちました。そこに出かければ、何かが残っている、何かが発見できるのでは、と期待したのです。

本書では、アフリカの動物たちやパキスタンの山々などの写真も多く掲載しました。一眼レフがデジタル化して撮影も容易になったからです。是非それらの写真も楽しんでください。

二〇一八年七月

夢野良平

写真上＝「はるかなるインダス川」（インダス川源流）
ニコンＤＸ５２００／広角ＳＩＧＭＡＤＣ

写真右＝ポインセチアの花と蝶

目次

四国を回遊する

九州の歴史と文化を訪ねる

南の島をめぐる

海外編

郷愁と癒やしの国　ブータン

最果ての地　アルナチャール　残された桃源郷

イランに行く

国内編

NATIONAL PART

プロローグ

旅のはじまり

▼私の最初の旅は

私の最初の旅は何だっただろうか。小学一年生のときに、私は北九州市の門司に住んでいた。近くの戸ノ上山という山に登り、新門司の町を遠望したことがある。そのとき、私は山の向こうにも町があることに感動し、遠くにある知らない町にとても憧れを感じた。

小学生の頃は家にこもっていることが多かったが、自転車を買ってもらって、知らない町に行ったときのことは鮮明に記憶している。

中学生になると、受験勉強で忙しかったし、精神的にも余裕がなかった。金銭的にも、旅に出るほどの列車代金を所持していなかった。家と学校の往復だけで、隣町へ出かけたこともほとんどなかった。

高校に進学しても、しばらくは勉強が忙しくて一人旅など考えてもいなかった。高校生も後半になって受験勉強に挫折。はじめて一人旅に憧れた。しかし実際には、下関の駅前の映画館に何度か出かけただけだった。「あしたのジョー」の中で、主人公の矢吹丈は貨物列車にまぎれこんで東京に移り住んだそうだ。漫画家のつげ義春は横浜港からニューヨーク行きの汽船に、一日分のコッペパンとラムネだけを持って潜入したそうだが、そんなことは私にはできない。疲れていた私は、進学について「今は無理」とはっきりいったが、世間の誰からも受け入れてもらえなかった。

私は近くの書店に並んでいた紀行本を買ってきた。その書物の中に山口県の角《つの》島《しま》のことが紹介されていた。私がこの島に旅したのは高校二年のときだった。当時は橋がなかったので、この島へは渡船で渡っていた。

高校三年のときは、近所の土木建築会社でアルバイトしていた。パチンコ店で担任の先生と出くわしたときは、お互いに無視しあった。

高校を卒業したあと、貯まったお金で京都へ旅した。

京都大原三千院
恋に疲れた女がひとり……

当時流行していた永六輔作詞、いずみたく作曲の「女ひとり」という歌のフレーズにあこがれたからだ。レンタル自転車で京都の町を走りまわった。当時はユースホステルが流行していて、同じ宿に泊まっている若者たちと夜遅くまで語り合った。

芥川龍之介の「トロッコ」は私の好き

な小説の一つだ。少年が工事現場にあったトロッコに乗って、はじめて隣の村へ旅するというストーリーだ。少年が知らない町へはじめて冒険することの重要性を表現したのである。この小説が小学校の国語の教科書に載っていたのを鮮明に記憶している。

▼はじめての北海道

私がはじめて北海道へ旅したのは大学二年のときだった。やっと受験地獄から解放されて、つかの間の自由があった時期だった。私がそのときに考えたことは、日本の最北端へ旅することだった。当時は鈍行の夜行列車があったので、それに乗り込み、若狭湾の舞鶴港へ向かった。新幹線の旅とは異なり、鈍行の夜行列車はとても風情があった。山陰の海岸線をひたすら走る。当時はコンビニなどの明かりはなく、ぽつりぽつりとある農家の灯火《ともしび》だけだった。クラクションなどの騒音もなく、聞こえるのは踏み切りのチリンチリンという音だけだった。あの遠くに見える小さな灯火の下で、家族は何を語っているのだろうか。あの小さな灯火の下で、家族は幸せでいるのだろうか。私は夜行列車の車窓からぼんやりと灯火を見つめていた。

舞鶴港からフェリーに乗り込み、小樽港へ向かう。船内はにぎやかだった。デッキの上では若者たちは踊ったり騒いだりしていた。夜中はフェリーのすぐ横で、多くのイカ釣り船が電球を煌々《こうこう》と照らして操業していた。電球の光の下にイカが集まってくるからだ。漁火《いさりび》の正体である。私はフェリーのデッキの上から漁師の仕事風景を夢のようにながめていた。

未明に小樽港に着いた。朝霧に包まれた小樽を観光することなく、再び列車に乗り込み、最北端の稚内の宗谷岬へ向かった。ひたすら最北端を目指す。若いときはこれでいいのかもしれない。

旭川あたりを過ぎると風景は一変とする。水田や畑はなくなり、荒涼とした原野が広がる。夜遅くに稚内に到着。私はそれから宿を探した。寝袋は持参していたとはいえ、なんと無計画なことだろう。二千円の安宿が見つかり、そこに飛び込んだ。裸電球一つだけの簡素な部屋だった。

翌日、最北端の宗谷岬へ向かった。はるか先に樺太が見える。

目的の日本最北端に到達した私は、稚内の土木建設会社でアルバイトをした。帰りは会社の人に乗せてもらって札幌の歓楽街へ向かう。ネオン街ではじめて戯れたが、ちっとも楽しくなかった。公園の隅で寝袋にくるまって寝ていると、管理人さんから追い出されてしまった。

翌朝、寝不足で疲れていた私は、観光もせずに津軽海峡を渡って青森駅に向かった。ねぶた祭初日だったので、とても賑わっていた。

駅前のベンチでボーッとしていると、おじさんが話しかけてきた。

「学生さんかい？　クニはどこだい？　祭のときは特にスリが多い。足元を見られるからもうクニに帰ったほうがいい」

私はもう疲れていたので、おじさんのいうとおりにクニに帰る列車に乗り込んだ。自宅に到着したとき、財布の中はほ

このボートで離れ小島の農園に渡っていた

向島農園の畑の様子

とんど空だった。もちろん当時はクレジットカードなどなくて、お金がなくなったらどうしていたことだろう。

しかし、あのおじさんがいっていたクニとは何だったのだろうか。私にもクニはあるのだろうか。

これが私の学生時代の旅だった。

▼向島農園の時代

大学生時代から卒業後の三年間、私は松江市の離れ小島に畑を借りて有機農業を行っていた。農薬や化学肥料を全く使用せず、アルバイト先の養豚場から堆肥をもらっていた。仲間たちで農業自主ゼミをしていたときに『有機農業革命』（梁瀬義亮著）という本と出会い、感動したからだった。離れ小島は向島と呼ばれていたので、向島農園と名づけた。

当時、若者が農業をしていると、全共闘崩れか宗教団体と思われていた。あの頃は経済至上主義の考え方が全盛で、利潤がほとんどない農業に対して否定的な意見が多かった。私はただ無農薬の野菜をつくり、五〇ｃｃのバイクの前後に積み込んで団地へ配達して回っていた。

向島へは手漕ぎのボートで渡っていた。大根の注文があれば、雨の日でもカッパを着て島に渡った。転覆したときのために泳ぎの練習もした。トラクターなどはなく、鍬《くわ》とスコップでの作業である。収穫した野菜は川の水で洗った。真冬の頃の水が凍るように冷たかったことはなつかしい思い出である。

大根を醤油で煮込んでそれを焼酎のつまみにして仲間と飲み明かしたこともなつかしい。

今考えると純粋で最も大切な時代だったと思う。向島農園での金銭出納記録や労働日誌を今も大切に保管している。野菜の販売による月当たりの利潤は二万円ほどだった。

オホーツク紀行

▼再び北海道へ　アイヌ民族を訪ねる

一九九三年、私は三十七歳になってい て、宗像の地に夢野農場を拓いて十年の 月日が流れていた。私は再び北海道を訪 れた。このときの旅の目的は、アイヌ民 族を訪ねることにあった。

農場経営がとても忙しい時期だったが 重要なことにひっかかったのである。ア イヌ語の「カムイ」のことだと 知ったからだ。「カムイ」と「カミィ」 と「カミ」はあまりに極似している。ア イヌ人と日本人は、その起源においてど のような関係があるのだろうか。

二〇一七年七月十六日付の朝日新聞デ ジタルによると、一八六九年、政府が蝦 夷地にかわる新しい名前を検討した際、 幕末から明治にかけて蝦夷地を探検し、 『蝦夷日誌』などを著した松浦武四郎は 「北加伊道《ほっかいどう》」などの名前を提案した。こ れが「北海道」のもととなった。武四郎 はアイヌの長老からこの大地に生まれた 人を「カイ」と呼ぶと聞いており、「北 にいるアイヌの人々が暮らす大地」とい う意味を込めたのだそうだ。私はやっと 日本人として原点を確認する必要性に気 づいたのである。私の農場経営の見通し が立ちかけていた時期で、少しだけ余裕 を感じていたのだろうか。

日本語の「神」はアイヌ語の「カム イ」から来ているのか。アイヌ語の「カ ムイ」が日本語の「神」から来ているの か。そもそも、神とは何か。受験勉強で サイン、コサインなど、目先の知識に振 り回されていた頃には到底考えられなか ったことだ。私は再び北海道へ渡らなけ ればならなかった。

夏に北海道へ旅するなら、湖畔の宿が いい。早朝、朝霧が湖畔を覆い、霧の中 を歩くという神秘的な北海道を体感する ことができる。クマザザに覆われたシラ カバの林は霊気にあふれていた。

北海道に到着後、私はさまざまな場所 でアイヌの方と交流した。しかし、本音 で語ることはできなかった。正直なとこ ろ私が接したアイヌの人たちは、よそ者 を嫌っていたのではないかと思う。大学 の研究者たちが、アイヌの古い墓を掘り 起こして遺品を研究室に自慢げに飾って いたそうだ。盗掘されたアイヌ民族の遺 骨がドイツまで渡っていたが、二〇一七 年七月に返還式がベルリンの日本大使館 で行われた。とてもいい傾向である。

アイヌの人たちは日本語を話すけれど、 日本人ではないのだろうか。日本に住ん でいるのに日本人ではないのだろうか。

私は日本人なのだろうか。江戸時代に『古事記伝』を著した本居宣長は、日本人としての原点を確認しようとしたのかもしれない。この当時、日本は鎖国をしていたが、西洋人が日本に再び接近しようとしていた時代だった。

　私は帰宅して職業別電話帳の宗教の欄を開いた。神とはなにか。地元の宗教団体を訪ね歩いたのである。当時はインターネットなどなく、地元に図書館もなかったのである。

▼オホーツクへ向かう

　二〇〇八年八月、私は北海道へ三度目の旅をした。北海道への旅は実に十五年ぶりだった。前回はアイヌ民族を訪ねたが、多くの疑問が残った旅だった。今回の旅はオホーツク人に関心があったからだ。

　あまり知られていないが、北海道にはアイヌ以外の民族も生活していた。五世紀から十三世紀にかけて、彼らは樺太（サハリン）から北海道北部、東部のオホーツク海に面した海岸部、千島列島で暮らしており、漁撈に特化した生活（海獣の毛皮などが重要）を営んでいた。網走市や北見市の遺跡から発掘された土器の特長から、アムール川河口域やカムチャッカ半島、樺太の文化との共通点が指摘されている。同時期に北海道存在していた、のちのアイヌ文化や擦文文化などとは明らかに異なる特徴を備えていた。しかし、十三世紀に入って忽然《こつぜん》と姿を消した彼らには不明な点も多く、住んでいた地域の名称からオホーツク人と呼ばれている。

　テレビである政治家が日本は単一民族であるといっていた。アイヌ民族と日本民族は、その起源を同じくする可能性はあるが、オホーツク人は明らかに日本人ではない。私は実際に現地に出向いて、検証する必要性を感じたのである。

　カムチャッカ半島、千島列島、樺太に囲まれた海をオホーツク海と呼ぶのは、シベリアにあるオホーツクという町の名前に由来する。

　今の時代、旅の移動がとても容易になった。福岡空港から千歳空港、そして女《め》満別《まんべつ》空港まで四時間ほどで到着する。レンタカーが利用でき、自由な移動が可能になった。実際にオホーツクを旅するのにカーナビは欠かせない。広大な原野と農地が広がり、道標がない上に、道端には尋ねる人もいないのだ。早朝は道路の両側を巨大農業機械が占拠して移動するので、普通車は待機している。インターネットのおかげで連絡、打ち合わせ、確認なども容易になった。社会体制などに対して怒りは多いが、このような旅が可能になったことには感服せざるを得ない。インターネットとカーナビ付きの車と携帯電話は現代では三種の神器であろう。オホーツクはもう遠くない。

　オホーツク観光でおすすめしたいのはサロマ湖である。展望台からのサロマ湖の全景はみごとだ。周囲は約八七キロあり、まさに絶景。湖の美しいブルーはオホーツクブルーと呼ばれていて、オホーツクに来たならこれを見て欲しい。遠くに見えるのが砂州で、その先にオホーツ

サロマ湖全景

ク海が広がっている。私は撮影のために二度も訪れた。

　縄文時代、サロマ湖はサロマ湾として海とつながっていた。のちに湾入部に砂が堆積して、海と切り離されて湖になった。しかし一九二九年、産業振興などのために砂州の中央部に開口部を設け、海水を入れたらしい。結果、海水とともに外海の魚類などが湖内に入り、ホタテ貝などの養殖に適した環境になったそうだ。展望台の近くでは、かなり人慣れしたキタキツネがやってきて人間に餌を求める。クロテンも見かけた。

　次に推薦したいのはワッカ原生花園である。サロマ湖を外界と隔てる砂州の上にあるこの園では、三百種以上の草花が咲く海浜植物の群生地だ。時期によって咲く花が異なるため、事前に季節をチェックする必要がある。砂州を通る道は海と湖を交互に楽しめる絶景で、長く続く道は、「どこまでも続く路」という感覚になる。訪れるのは好天の早朝がいいかもしれない。

「湖畔の宿」という民宿が今回の旅で

住吉地区にある女満別
石刃鏃遺跡の石碑

オホーツク原生林を走る列車

よかった。部屋は古かったけれど、料理がいい。若い旅人が多くて、旅に来たんだという雰囲気になれた。

オホーツクといえば網走刑務所のイメージがあり、朔北《さくほく》の地で荒涼で殺伐とした先入観があったが、実際は穏やかでメルヘンチックな印象である。道路はほとんど信号がなく、どこも高速道路のようだった。原野の中を一両列車が走る。

▼オホーツクの先史文化

当然、私がアイヌ民族、オホーツク人などを整理することは不可能である。しかし、今回の旅のメインテーマであるオホーツクにおけるアイヌ文化以前の歴史を断片を拾い集めてみたい。

稲作が日本に伝わり、本州では、狩猟採集を中心とした縄文時代から、稲作を中心とした弥生時代に移っていった。しかし北海道では、本州の文化の影響を受けながらも、狩猟採集を中心とした、基本的には縄文時代と変わらない生活を営んでいた。これを「続縄文時代」という。さらに時代が下ると石器に変わって鉄器が使われるようになった。農業も行われるようになり、半農半猟の生活が定着する。また、本州との交易も活発に行われるようになった。この七世紀後半から十二世紀までの時期を「擦文時代」という。このあと、鉄器や漆器が行き渡り、土器が使われなくなる。大陸や樺太との交流も活発化した十三世紀から江戸時代にかけての時期を「アイヌ文化期」という。私たちが「アイヌ」と聞いてイメージする服装や生活様式などは、このアイヌ文化期に形づくられた。

そしてオホーツク人は、続縄時代の後半から擦文時代にかけて、北海道北部〜東部にかけて生活し、独自の文化を形成していった。

オホーツクの先史文化の研究者として、まずは米村喜男衛《よねむらきおえ》を語らなくてはならない。一九一二年、二十歳のときに単身で東京から網走にやって来た。理髪店を営みながらモヨロ貝塚などを発見、研究し

北海道の時代区分

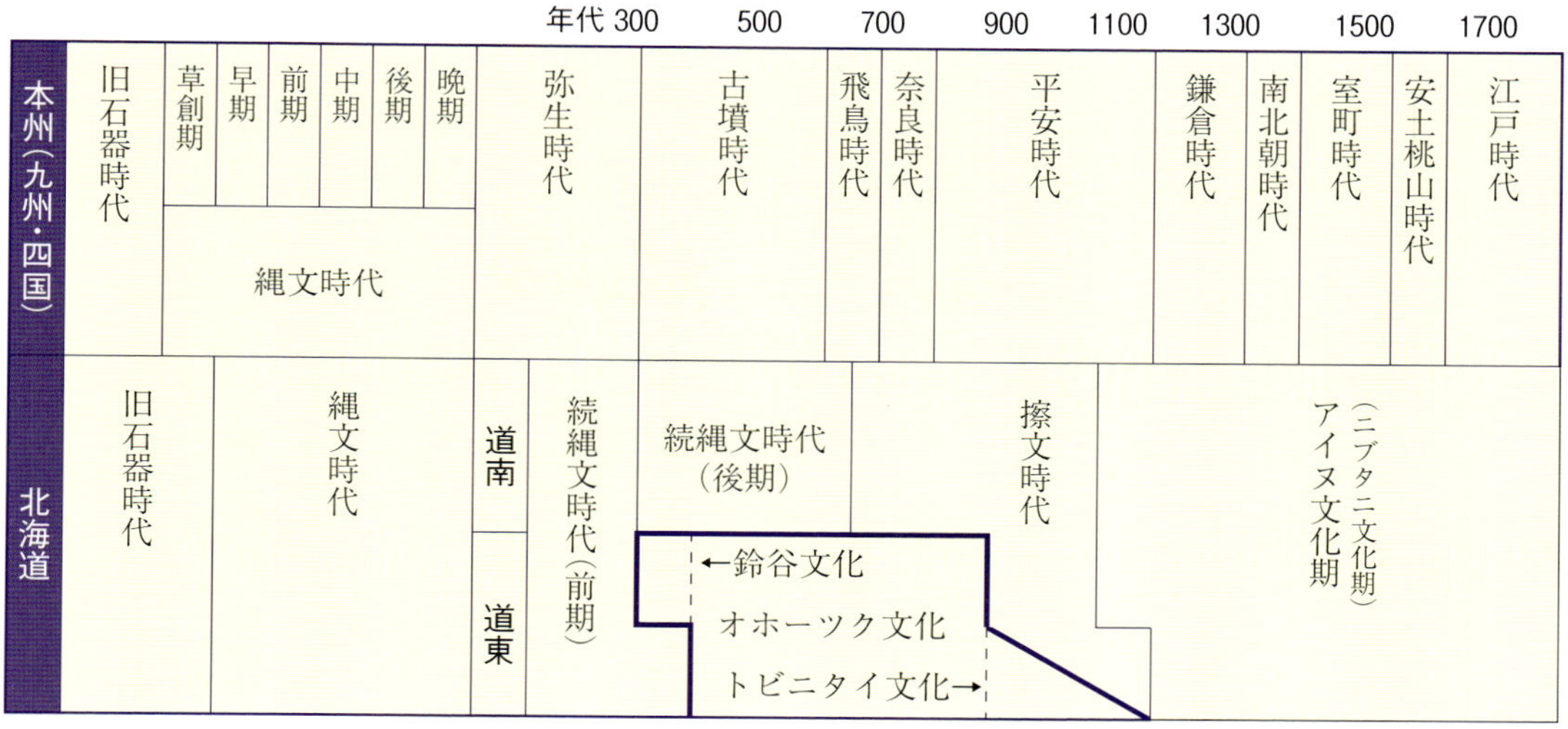

（瀬川拓郎『アイヌ学入門』を参考に作成）

た。今の時代は飛行機で容易に訪れることができるが、当時は開通したばかりの鉄道で二泊三日もかかって網走に来たそうだ。

現在も北海道ではアイヌ文化期以前を先史文化として、盛んに研究が進められている。東京大学の考古学研究施設があり、学生たちが調査していた。戦前には満州に調査・研究の拠点があったが、敗戦で継続が困難になり、網走に研究施設を移し、オホーツクの先史文化研究をスタートした。オホーツク人については、太平洋戦後、発掘考古学などによって調査・研究が進められている。

私が興味をもったオホーツクの古代史関わるトピックに以下のものがある。

①白滝遺跡の黒曜石

大雪山系の麓、遠軽町白滝で二万数千年前の旧石器遺跡が確認されている（白滝遺跡）。放射性同位体元素分析で遺跡の年代が確定している。この遺跡周辺は黒曜石（天然のガラス質を多く含んだ溶岩が固まった石）の産地であり、白滝産黒曜石はサハリンにあるソコル遺跡などで多く確認されている。

②女満別石刃鏃《せきじんぞく》遺跡

七六〇〇年前の住居跡から、石を薄く割った石製の鏃《やじり》や石斧、石刃などが大量に発見された。石刃鏃とは石刃に簡単な加工を施して鏃としたもの。完成品はサハリンまで交易品として送られていた。このような石刃鏃を特徴とする文化はユーラシア大陸に広くみられるが、日本ではここ北海道の一部でしか発見されていない。現在、住吉地区にひっそりと石碑が建てられている。

③オクシベツ川流域のストーンサークル

朱円周堤墓《しゅえんしゅうていぼ》といわれる約三千年前の縄文時代後期の遺跡である。石の下から人骨が発見されており、環状列石は配石墓であることがわかっている。ここから発掘された土器に東北地方と共通する文様があることから、両者の交流は確実のようだ。しかし、これらストーンサークルは本州の方が古く、南から北へひろがっていったらしい。墳墓内で焼土が数カ所確認された。墓場でご先祖様といっしょに宴会をしていたのかも。先祖の霊と宴をともにする文化は、現在、沖縄でも清明祭（シーミー）として四月に行われている。

私は高知の足摺岬でストーンサークルを確認した。そのストーンサークルでは、紀元前五〇〇〇年からの縄文土器が発見されている。アイヌ民族はその時代に北へ進んだのではないか（五九頁参照）。

北見市のところ遺跡の館には、出土した押型文土器が展示されている。押型文は、木の棒に格子や山形などの文様を刻み、その木の棒を焼成前の土器に押し付けて模様をつける。その土器はシベリア地方の影響だといわれている。ヒスイのネックレスは新潟の糸魚川から運ばれたものである。約二千年前らしい。

北海道では縄文時代が終わると続縄文時代に入るが、本州以南では鉄器青銅器、稲作の伝播によって弥生時代になる。しかし、北海道以北の千島列島などでは、明治時代になっても石器使用の例があり、狩猟採集生活が行われていた。そんなイメージは好きである。この時代の遺跡である常呂町の岐阜第二遺跡では、本州産の鉄器、ガラス玉が確認されている。

▼日本にいたオホーツク人

オホーツク人は、五世紀頃に北方から北海道に渡ってきたといわれている。初期は北海道北部から利尻島、礼文島を中心に栄えていたが、七世紀頃には、北海道東部のオホーツク地方から千島列島へ一気に進出。それに追いやられる形で、アイヌ民族は北海道南部に押し込められる形になった。

アムール川河口、樺太北部にはニブフ（旧名ギリヤーク）と呼ばれる民族が今も生活している。彼らは文字を持たなかったため、昔の記録を知ることはできないが、彼らはオホーツク人を祖先に持つと考えられている。そして、彼らの顔だちは朝鮮半島〜満州あたりの人たちによく似ている。彼らの祖先は海獣を求めてはるばる北海道までやってきたのだろう。海獣の毛革や牙は貴重な交易品だった。

付け加えると、樺太南部には、ニブフでもアイヌでもない民族、ウィルタがいる。アイヌは彼らをオロッコと呼んだ。彼らはトナカイの牧畜と漁撈を中心とした生活が特徴だった。ウィルタには「戦い」という言葉はないと、江戸時代に樺太を旅した間宮林蔵が記している。

陸奥、平泉で栄華を誇った藤原清衡が中尊寺を建立するにあたって、その経緯やその伽藍《がらん》の内容について記述した「中尊寺落慶供養願文」によると「粛慎《しゅくしん》・挹婁《ゆうろう》の海蛮は、陽に向う葵の類《に》たり」と書かれており、粛慎と本州の日本人との関係が友好的だったことがうかがわれる。粛慎とは、オホーツク人だったとする説が有力である。

秋田県男鹿半島のナマハゲの正体はオホーツク人だと私は考えている。ナマハゲと同様の祭に、太平洋岸の岩手県宮古市にナモミ、大船渡市にはスネカがある。

岩場に棲むアザラシなどを捕獲していた民族にとって、三陸海岸と男鹿半島の岩場は同様な環境であることにヒントがあると私は思う。

　オホーツク人の葬儀は屈葬が多く、頭上に大きな土器を被せるという独特なものもあり、山梨の縄文人と比較される。食生活はアザラシなどの海獣からタンパク質を得ていたことが骨に含まれる同位体測定でわかっているらしい。住居は五角形、六角形の亀甲状なのが特徴である。住居の隅には熊などの頭蓋骨が多く埋葬されており、祭祀を行っていた痕跡があるのが興味深い。常呂町のトコロチャン跡遺跡からは百頭を超えるクマ頭骨が祭壇状に積み上げられているのが発見された。彼らがなぜ熊の骨を住居内に積み上げるのかよくわかっていない。アルナチャールのアパダニ族も家の中にミトン牛の頭蓋骨を積み上げている。住居には、夏用と冬用があり、冬用は半地下で非常に大きい。夏はひらけた場所にある。

　常呂《とろ》栄浦《さかえうら》第二遺跡から出土した銀製の耳飾や青銅製の帯飾は、満州北部の靺鞨《まつかつ》や女真族《じょしんぞく》のものであり、交易によって得たものであろう。満州北部は内陸だが、アムール川を船で遡れば交易は可能だった。おそらく、海獣の毛皮などと交易していたのだろう。

　多くの研究者が指摘するように、彼らが滅んだ要因はアムール川流域がモンゴル民族に占領され、交易が遮断されたことが大きな要因だと私も思う。交易が遮断されることにより、危険な海獣狩猟ではなく、農耕や川に棲むサケなどを採った方が楽だろう。オホーツク民族は滅んだのではなく、彼らの生活形態が変化してアイヌ民族などと同化したのではないかと私も推測している。

　菊池俊彦氏の『環オホーツク海古代文明の研究』という書籍がおもしろい記述を紹介している。唐の時代に成立した制度史の書『通典』に、六四〇年に唐の都長安に流鬼国から使節が来たと書かれているというのである。流鬼国とはオホーツク民族であろう。彼らは、はるばるアムール川を遡り、そして女慎族に援助してもらい、馬に乗って長安まで旅をした。馬に乗るのに苦労したらしい。

　『日本書紀』によると、五四四年に粛慎が佐渡の北にやって来たとある。また、六五九年には阿部比羅夫が粛慎を討ったという。

▼スカートをはいた謎の女性像について

　スカートをはいた謎の女性土偶の正体を探りたかった。今回の旅のきっかけは実はここでもあった。この謎の少女に会いたくてオホーツクまで飛んだのかもしれない。

　この女性像は、現在十三体ほどが発掘されている。モヨロ貝塚のヴィーナスと呼ばれており、セイウチの牙つくられている。根室市のオンネモト遺跡のもの、礼文島のものが興味深い。これらは、唐などの国々との交易品だったのだろう。このモデルの女性の服は満州のツングース族やウイグル族にも民族衣装として残っているそうだ。インターネットの写真

スカートをはいた牙製の女性像（北海道立北方民族博物館提供）

によると、樺太北部のニブフの夏祭で、女性たちがスカートをはいて踊っていた。オホーツク人はアザラシなどの海獣の毛皮などとともに、これらの民芸品を貿易の輸出品にしていたのである。繰り返すが、彼らは交易民族だったのである。つまりこれが牙製の女性像の正体である。謎は解けた。

北海道においてアイヌ民族が歴史的に登場するのは鎌倉時代になってからである。アイヌ民族は南方から渡来してきたという説もある。学者によって遺伝子的、言語的、住居的に解説されている。しかし、北海道に渡った時期は軽はずみに確定できないはずだ。

司馬遼太郎の『オホーツク紀行』は興味深い一冊だった。西秋良宏・宇田川洋編『北の異界』という書物も必読本だ。

神道で社殿の中に立てられたり、参拝者の祓具として使われる幣《ぬさ》（祓串、御幣）は、アイヌ民族の祭具の「イナウ（木幣）」であろう。明治初期に北海道を旅したイザベラ・バードはアイヌ民族の家内に立てられているイナウのことを記している。民俗学者の宮本常一もこの重要性に注目した。

写真は国東地方の修正鬼会で用いられる「香水棒《こうずいぼう》」である。鹿児島地方では似たものが「鬼神棒」と呼ばれていた。私が所持している山形県米沢市のオタカポッポや福岡県太宰府市のウソや岩手県のオシラサマとの関連があると思う。イナウはアニミズム信仰（アニマとは精霊、霊魂のこと）の象徴的なものであって、神官や僧侶などはおらず、特別な礼拝もなかったという。

「アイヌ」という言葉はアイヌ語で「ヒト」という意味だそうだ。はるばる西洋人がやってきてあなたは誰かと尋ねられて、我々は「人間」なのだと答えた。ニブヒというのも、ヒトという意味だそうだ。人間とほかの動物や植物との関係において用いただけの言葉であったろう。はたして彼らに民族という概念があったのだろうか。オホーツク民族も同様に。

二〇〇七年九月、国連で「先住民族の権利に関する国際連合宣言」が採択され、国会でも二〇〇八年六月「アイヌ民族を先住民族とすることを求める決議」が国会で決議された。この問題は曖昧にはできない。はたして日本列島は人間のものなのか。人間は自然を支配できると思ってはいけない。アイヌ人、オホーツク人、そして縄文人はそのようなことを決して考えてなかったはずだ。ヒグマやシマフクロウやキタキツネたちは、北海道の先

アルナチャールのボボ。オタカポッポと名前が似ていることに注目

山形の民芸品オタカポッポ

香水棒（大分県立歴史博物館提供）

イナウ（北海道立北方民族博物館提供）

住者はオレたちだと思っている。

知床半島にはエゾシカが多かった。民家の庭を平然と闊歩している。北海道でシマフクロウは一二〇羽ほどが確認されていて、半数が知床で生息しているらしい。九月はカラフトマスが遡上してくるので日没後は容易に河口でウォッチングできる。はるか先に国後《くなしり》が茫洋《ぼうよう》として見える。オホーツクは決して遠くない。また訪れるだろう。

▼「日本」という国名の出発点

六六三年、白村江の戦で倭国と百済の連合軍は新羅と唐の連合軍に敗れた。倭国の船団が挟み撃ちにあい、火矢によって壊滅したのだ。その後「倭国」は大野城や水城《みずき》などをつくり、防衛策に奔走する。水城とは敵が攻めてきたら一気に放水して壊滅させるためのものだ。しかし、実際に活用することはなかった。

六六五年に唐使が筑紫に、そして六六七年には唐の将軍の使者らが来る。さらに六六九年、唐の使者ら二千余人来る（六七二年に壬申の乱が起きて六七三年に天武天皇が即位している）。そして七〇一年、大宝律令が制定されて「日本」となったといわれている。七二〇年に『日本書紀』が作成される。『日本書紀』の神代巻のはじめに見える天地開闢の一条は『淮南子《えなんじ》』と『三五暦記《さんごれっき》』とを混ぜて構成したものである。この事実は、すでに学者たちによって考証しつくされている（楠山春樹『淮南子』）。『淮南子』は前漢時代に編纂された思想書で、天文編においては四神の「玄武」なども明記している（カバー写真参照）。

中国の西安にある西安博物院の地下に禰軍《ていぐん》という唐の時代の将軍（六八七年死亡）の墓誌（墓石に彫られた故人の業績を称える文章）が保管されていた。そこに「日本」という漢字が確認された。「日本」と書かれた漢字の記録の中では世界最古である。（NHKBSプレミアム「盗まれた長安——よみがえる古代メトロポリス」二〇一七年九月二日放送）。

北海道道央を周遊

▼千歳空港から登別・室蘭を越えて伊達市へ

二〇一〇年七月に北海道の道央へ旅に出た。私にとって四回目の北海道旅行である。昼過ぎに新千歳空港に降りたつ。オホーツクへの旅から二年後である。レンタカーですぐ道央自動車道に入る。苫小牧、登別、室蘭を通り過ぎて伊達市に着いた。

私が最初に向かったのは北黄金貝塚遺跡だ。この遺跡は紀元前五〇〇〇～三五〇〇年頃まで存続していた貝塚をともなった縄文時代の集落の遺跡で、国指定史跡になっている。国内最古という「水場遺構」は整備されていて、一二〇〇個以上の石皿、石器が発見されている。石器はその使命を終えたときに、わざと壊して土中に埋めている。石器を含めすべてのものに命を認め、供養してあの世に送る祭祀場の跡とも考えられている。

現在、貝塚からは十四体の人骨が発見されている。その骨は屈葬で丁寧に埋葬され、貝殻や石器などと同じところに供養されていたことに感動した。

人間の命も動物の命も石器などの道具の命もすべてが等しく扱われていた。縄文人の自然観は現代人のものとは異なり、草木や風や川の流れに対しても特別な感性があったのだろう。人骨には、歯の全くない老婆のものや、骨が湾曲して細く、小児麻痺のままで成人になった人骨などが含まれている。当時、障碍者《しょうがいしゃ》も生活できる環境があったらしい。貝塚を古代人のゴミ捨て場だという人もいるが、北小金井貝塚は決してそんなことはなかった。

さらに、遺跡からは武器が出土しておらず、二五〇〇年もの長い間争うことのない社会が維持されていたのだ。

熱帯から亜熱帯の海域に生息するタカラ貝のアクセサリーやベンケイ貝のペンダントなども発見されており、南国と交流があったことが想定される。

そして、北黄金集落は世界的な気象変動、寒冷化によって消滅した。

北海道は縄文時代も決して野蛮ではなく、精神的にも豊かな社会だった。食料が豊富であったこと、そして何よりも人口が少なかったのである。今日、世界の人口が七十三億人に達しようとしている。大変なことになっても不思議ではない。

▼「秘湯の横綱」と呼ばれるだけあって

私はスキー場で有名なニセコ町にある薬師温泉に向かった。秘湯の横綱と呼ばれていることをインターネットで知った

積丹半島の先、神威岬の先端。中央に見えるのは神威岩

神仙沼にて

からだ。

　温泉は山奥の一軒家であり、カーナビがなければ行けない場所だった。秘湯の横綱と呼ばれるだけあって、底は砂と岩がそのままで、底から温泉が湧き出ている。さらに炭酸の泡が全身をマッサージする。三十秒もすると全身が炭酸の泡で覆われるのだ。深さは一メートルくらいあるから、子供やお年寄りは入れない。湯船以外もすごい。すぐそばに小川が流れており、ゴーゴーと力強く水が流れている。豊富な水量でこれが北海道のパワーだと思った。ヒグマの糞もあった。

「混浴ですか?」などという、低レベルの秘湯を期待してはだめだ。しかし、宿の食事と部屋は残念だった。

　積丹《しゃこたん》半島へ向かう。途中に神仙沼湿原にてノコギリソウ、エゾカンゾウ、ハマナスなど植物観察し、早朝の霊気を感じる。積丹半島に到着して、私は神威《かむい》岬へ向かう。北海道に来たなら、シャコタンブルーと呼ばれる北海道独特な濃い青の海もぜひ見ておきたい。オホーツク海とは異なり、日本海に面している。アイヌ語で「神の岬」とよばれる半島だけあってダイナミックな景観だ。ちなみに「シャコタン」とはアイヌ語で「夏の集落」という意味。その先には神威岩という岩礁がある。この岩はチャレンカ岩とも呼ばれ、源義経と日高地方の酋長の娘チャレンカとの悲恋の物語が伝えられている。義経は平泉から北海道に逃れ、ユーラシア大陸に渡ってチンギス・ハーンになったという伝説もある。十勝平野の日高町には江戸時代末に建てられた義経神社がある。

▼阿倍比羅夫は秋田から北海道の余市へ

　積丹半島を回遊して余市町に入る。ニッカウヰスキーで有名な町だ。私は余市神社に向かう。この神社の近くに『日本書紀』ゆかりの記念碑があるという情報があったからだ。

　『日本書紀』によると六五九年三月、阿倍比羅夫《あべのひらふ》らが蝦夷の国を征服し、「後《し》方《り》羊《へ》蹄《し》」に政所を置いたという。

原文では「後方羊蹄為政所」となっており、この場所を青森県とする説があるが、詳しいことはわかっていない。私は、余市の可能性もあると考えている。神社の方に記念碑のいきさつなどを教えてもらったが、昭和三十年代に有志によって建てられたようだ。『余市町史』に記載はないし、伝承も見あたらない。歴史はこの程度のロマンがあっていいだろう。

六六三年、阿倍比羅夫は朝鮮半島へ向かい白村江の戦を指揮して、新羅と唐の連合軍と戦って戦死したと伝えられている。

▼フゴッペ洞窟・手宮洞窟の謎

私が今回、北海道に旅した最大の目的は余市町にあるフゴッペ洞窟などの壁画を見たかったからである。一体これらの壁画がいつの時代、いかなる民族によって描かれたのだろうか。

洞窟から発掘された出土品の木片、炭化クルミの年代測定から、続縄文時代の江別土器文化の時代、つまり約一八〇〇年前だという。しかし、私ははなはだ疑問である。洞窟の出土品だけでなぜ壁画の時代が想定できるのだろうか。

私は直感的にこの壁画を描いたのは「コロボックル」ではないかと思いついた。しかし、学問的には今日、否定されている。アイヌ民族の伝承には、コロボックルが登場するから夢がふくらむ。ロマンチックな物語のようだ。

菊池徹夫氏は「地域文化としての岩絵」（『アジア地域文化学の発展』所収）の中で、シベリアの壁画とフゴッペの壁画が類似していることを指摘している。ハバロフスク州立博物館を拠点にして、実際にシベリアまで調査しての報告書である。類似する壁画を持つ遺跡としてスクパイ遺跡がもっとも注目されている。シベリアで同様な壁画を残した民族が、いつの時代に北海道に渡って来たのだろうか。ハバロフスクへは東京から直行便が就航したので、いずれ訪問しようと思っている。

大島秀俊氏は「手宮洞窟とフゴッペ洞窟壁画にみられる続縄文時代のシャーマニズムについて」（『原始・古代日本の祭祀』所収）の中で祖霊信仰、シャーマニズムとの関連を指摘している。フゴッペ洞窟の壁画に描かれている「四本指の人物」はシャーマンだといわれている。このようなシャーマンは世界的にも数例あることが確認されている（モンゴルのホブドソモンの岩絵など）。私は思う。彼らは手を得ることで自然を支配できるようになった。そのことに対して不安と恐怖があったのではないか。

フゴッペ洞窟に関する書物は峰山巌氏の『謎の刻画フゴッペ洞窟』という良書がある。峰山氏は最初に私が紹介した北黄金貝塚遺跡などを調査された考古学者である。彼はシャーマニズムを指摘し、考察されている。

上野武氏は「手宮洞窟とフゴッペ洞窟」（『日本の遺跡発掘物語3』所収）の中で壁画発見からの経過、記録などを詳しく解説し、最後に以下の言葉で締めくくっている。「なぜこのような遺跡が余市と小樽にしか残ってないのだろうか」、「彼らはその後どのような運命をたどっ

フゴッペ洞窟内に刻まれた線刻。岸壁に800を超す線刻があり、船、人、動物など、さまざまなものが刻まれている。特に人の線刻が多く、翼や角があることからシャーマンではないかと推測されている。似たような線刻は手宮洞窟（小樽市）にしかなく、アムール川流域の文化との関係を指摘されているが、詳しいことはわかっていない（よいち水産博物館提供）

古賀市にある線刻の石

たのだろうか」。

山口県下関市にある杉田遺跡にも謎の線刻がある。これはシュメール文字だと大胆に唱える人もいる。世界最古の文字をつくったというシュメール人が、間接的であっても、日本にやって来たというロマンを語る人があってもいいだろう。

福岡県古賀市にも刻線の石がある。写真を見た限りでは単なるいたずらのように思えるが、福岡市博物館にも同様の刻線のある小さな石が展示されている。これらは重要な意味があるはずだが、解明するのはむずかしい。自らが存在した証なのだろうか。

人類そのものを生物と認め、研究対象としたのは最近のことである。そして、人類の歴史の源流を研究するという学問が生まれたのも、実に十九世紀後半なのだ。明治初期に日本にやってきたアメリカの動物学者モースは、その学問の先駆者だった。実にすごい人物が日本に来たものだ。モースは東京大学理学部の教授に就任し、大森貝塚の調査にあたった。

その大森貝塚は、文部省に行くために乗った汽車の窓から発見したという。
さらに最近では、認知考古学というものが注目されているそうだ。心の考古学とも呼ばれ、出土した遺物から古代人の世界観、自然観を読み解こうとする学問だ。私が縄文時代の遺跡を見学して感じることは、彼らが精神的にも物質的にも豊かであったということだ。そんな過去の歴史を未来に伝えていきたく思う。

▼旧石器時代のロマン

仙台市内の小学校建設のための事前調査で、二万年前の森の痕跡と狩のための一時的なキャンプ跡が地下八メートルの地点から発見された。発見された遺跡は、そのままの状態で保存され、地底の森ミュージアムという博物館になっている。森の樹木の化石や焚き火跡、百点ほどの石器も間近に見ることができる。私たちが旧石器時代の雰囲気が味わえ、タイムスリップできる。

旧石器時代前半、狩猟のための道具は石槍が主流だったろう。木の柄の先に尖頭器という加工した石をつけて獲物に投げつけた。そして旧石器時代後半に入ると、シベリアから細石器（植刃器）という革命的な狩猟のための道具が伝わった。

細石器とは、細石刃をつけた道具のことで、細石刃は幅一センチ、長さ五センチ程度の小さな打製石器の刃で、薄く鋭い。当時は加工に適した石材はなかなか手に入らない貴重品。そのため、薄く小さく叩き割ることで石材を効率的に、最後まで無駄なく使用したのだ。木の棒や動物の骨などの軸となる素材に溝を彫り、そこに細石刃をチェーンソーの刃のようにはめ込んで使用した。

それまでの石槍の場合は、破損すると尖頭器を最初からつくり直さなければならない。しかし、細石器の石槍を用いた場合は、破損した周辺の細石刃だけ取り替えればいい。また、軽量化できたことで、命中率もアップした。この発想は別のことでも応用されたはずだ。まさに石器の革命だった。

細石器はシベリアのバイカル湖周辺で発明されたものらしい。日本には二万年前、北海道経由と九州経由で別々に伝播したといわれている。なぜバイカル湖周辺なのかと疑問に思うかもしれないが、巨大な湖のそばだから、水の冷えにくい特性によって、比較的周辺の気温が高く気候が安定していた。それ故に進化した民族が出現したのだ。この細石器という先端技術を持ち込んだ人たちが日本民族の原点をなした可能性は高いと思う。私としては、フゴッペ洞窟の壁画を描いた民族をこの時期まで遡ってもいいと思っている。

バイカル湖東側に顔形が日本人とそっくりなブリヤートという民族がいる。ロシア科学アカデミーの人類学博士バイール・ナンザートフ氏によると、「D４j８」という遺伝子は、日本人とブリヤート人のみが所持しているのだそうだ（BS-TBS「伊藤英明の大シベリア　第二夜　日本人のルーツを探る旅」二〇一五年三月八日放送）。**彼らが細石刃という先進技術をもって日本にやってきて日本人になったのだと私は思う。**

宗像市の歴史資料館に細石器の刃をつくる元の細石核がぽつんと展示してある。細石核とは細石刃を削り取るための、ちょっと大きめの黒曜石などの石である。二万年前の宗像でも、旧石器人が細石刃で獲物を追いまわしていたのだろう。

▼縄文時代のスタート

約一万年前、土器という画期的な発明がされ、縄文時代がスタートする。最初に紹介した北黄金遺跡の時代だ。土器による煮炊きの料理ができるようになった。土器の発明は日本が最古という説と中国が最古だという説がある。

細石器の模型（北海道博物館提供）

恵庭市にある縄文時代のカリンバ遺跡も興味深かった。カリンバとはアイヌ語で「桜の木の皮」という意味だ。今日でも桜と同類のカリンは工芸品の素材として利用されている。約三千年前の遺跡だが、漆《うるし》塗りの櫛などが多く出土している。恵庭市郷土資料館に漆製品が展示してあった。

当時の女性がいかにおしゃれであったかがわかる。平和な時代だったのだろう。ブータンを旅したときに、多くの漆製品を見た。いつ頃からブータンに漆製品があったのかは全く不明である。しかし、古い時代に日本まで伝わった可能性はあると私は思う。中国の雲南省周辺を発祥として、蛇神信仰をベースとした多くの文化が照葉樹林帯に沿って東西へ広がっていったのだろう（一〇五頁参照）。同じく、恵庭市の柏木川四遺跡から発見された編み布も注目されている。三二〇〇年前にもじり編みという技術の高い編み方がなされていたそうだ。

カリンバ遺跡から出土した朱塗りの櫛（恵庭市郷土資料館提供）。このほか、耳飾りや玉、勾玉、土器など副葬品が多数出土。国の史跡に指定されている

続縄文時代の江別文化の中心地であった江別市へ向かう。続縄文時代はフゴッペ洞窟壁画が描かれた時代だともいわれている。江別市郷土資料館、北海道立埋蔵文化財センターなどが集中していて北海道の歴史を学ぶなら立ち寄らなくてはならない町である。

私は旅の終わりに小樽に立ち寄る。しかしツアー観光旅行の団体が多くて入り込む気にはなれなかった。本来、「観光」とは中国の古典の『周易』からの引用なのだそうだ。

私は旅によって光を見ることができるだろうか。

東北をめぐる旅

飛鳥から秋田へ

▼秋田といえば秋田美人か

二〇〇九年十月　私は秋田へ旅した。未明に農場を出発。ヤギのカナちゃん、ネコのケイちゃん、ニワトリたちにしばしの別れを告げ、福岡空港へ向かう。午前十時十五分に秋田空港に到着。速いものだ。レンタカーの事務所で尋ねる。

「秋田美人はどこへ行けば会えるの？」

「飲み屋へ行けばいいよ」

しかし、私は誘惑にもめげずに森吉山《もりよしざん》へ向かった。今もって森を生活の糧とし、森を守る「マタギ」という人たちがいるらしい。ここはマタギのふるさとである。

森吉山野生鳥獣センターを拠点に情報を確認したあと、森に入る。クマゲラの囀《さえず》りを容易に聞くことができる。ツキノワグマとの遭遇もあるそうだ。ボランティアガイドの話では、この地のクマが人間を襲うことはないらしい。

実は二〇〇九年二月、私は奈良県明日香村へ旅している。六、七世紀は飛鳥時代といわれ、同地は政治の中心だった。『日本書紀』斉明天皇六年五月条に「石上池の辺《ほとり》に須弥山《すみのやま》を作る。高さ廟塔《めうたふ》の如し。以《も》て粛慎《みしはせ》四十七《よそあまりななたり》を饗《あへ》たまう」とある。ここにある粛慎とは、秋田や岩手の三陸海岸にいたオホーツク人であると考えられる。それゆえ私は、飛鳥から秋田へ飛ぶ鳥のごとく旅しなければならなかったのである。

『日本書紀』の景行天皇二十七年春二月条によると、

武内宿禰《たけしうちのすくね》、東国《あづまのくに》より還《かへりまうき》て奏《まう》して言《もう》さく、「東《あづま》の夷《ひな》の中《なか》に、日高見《ひたかみの》国《くに》有《ぁ》り。（中略）為人《ひととなり》勇《いさ》み悍《こは》し。是《これ》を総《す》べて蝦夷《えみし》と曰《い》ふ。亦《また》土地《くに》沃壌《こ》えて曠《ひろ》し。撃《う》ちて取《と》りつべし」

とある。同じく景行天皇四十年七月条では、

其《か》の東《ひむがし》の夷《ひな》は、識性《たましひ》暴《あら》び強《こは》し。凌《しのぎ》犯《おかすこと》を宗《むね》とす。村《ふれ》に長《ひとごのかみ》無《な》く、邑《むら》に首《おびと》勿《な》し。（中略）亦山《またやま》に邪《あ》しき神《かみ》有《あ》り。郊《のら》に姦《かだま》しき鬼《おに》有《ぁ》り。（中略）其《そ》の東《ひむがし》の夷《ひな》の中《うち》に、蝦夷《えみし》は是尤《これはなはだ》だ強《こは》し。男女《をのこめのこ》交《まじ》り居《を》りて、父子《かぞこ》別《わきだめ》無し。冬《ふゆ》は穴《あな》に宿《ね》。夏《なつ》は巣《す》に住《す》む。毛《け》を衣《し》き血《ち》を飲《の》みて、昆弟《このかみおとと》相疑《あひうたが》

ペルシャの石人像

一九〇三（明治三十六）年に左の写真の石人像は、明日香村の田んぼの中（現石神遺跡）から発見された。花崗岩に彫られており、異国人の顔立ちである。足元から口まで細い管が通してあり、高所で水を蓄え、管を通して石人像の口から水を放水したのだ。そこは飛鳥の迎賓館の跡であり、この石人像は入口の噴水だったのだろう。遠方から来た人はまず目にしたはずだ。巨石に細い穴を貫通させる技術は当時最先端だった。石英を砂にして研磨したのではないだろうか。ペルシャ（イラン）から渡来した技術者によるものだろう。

ふ。山に登《のぼ》ること飛《と》ぶ禽《とり》の如《ごと》く、草《くさ》を行《はし》ること走《に》ぐる獣《けもの》の如《ごと》し

とある。日高見国とは北上川下流域のことだろうか。奈良の大和朝廷は蝦夷を「鬼」と明言しており、その言葉にはインパクトがある。東北は肥沃な土地のようだから奪い取ろうとしたのだ。やはり「金や銀」が目的だったのだろうか。その部分については拙著『ちょっと旅に出て』において解釈している。

『日本書紀』の斉明天皇四年四月条によると、阿倍比羅夫は、

船師《ふないくさ》一百八十《ももあまりや》艘《そふな》を率《ひきゐ》いて、蝦夷《えみし》を伐《う》つ。齶田《あぎた》・渟代《ぬしろ》、二郡《ふたつのこほり》の蝦夷、望《おせ》り怖《お》ぢて降《したが》はむと乞《こ》ふ

とある。齶田の蝦夷恩荷《おが》は、

官軍《みいくさ》の為《ため》の故《ゆゑ》に弓矢《ゆみや》を持《も》たらず。但《ただ》し奴等《やつこら》、性《ひととなり》　肉《しし》を食《くら》ふが故に持たり。若《も》し官軍《みいくさ》の為にとして、弓矢を儲《ま》けたらば、齶田浦の神知《かみし》りなむ。清《きよ》き白《あきらか》なる心《こころ》を将《も》ちて、朝《みかど》に仕官《つかへまつ》らむ

と誓った。

齶田浦は秋田市付近、渟代は能代市付近だと考えられている。齶田浦の神とは、古四王神社の神であろうか。同社の祭神はオオヒコノミコトとタケミカヅチとなっている。『日本書紀』の記述が正しいとするならば、それ以前から齶田浦の神が祀られていたはずだ。

かくして大和朝廷は蝦夷を侵略し、土地を奪い、米づくりをさせて、仏教を伝えていった。

七三三年、「出羽柵」を秋田村高清水岡へ移設する。のちの秋田城の前身となる。大和朝廷の前線基地であり、役所であり、柵で囲まれた砦でもある。古代の水洗トイレが残っていて、トイレットペーパーの代わりに使用された竹製のクソベラが多数出土している。そのクソベラを顕微鏡で調べると、豚を常食にしてい

ないと感染しない寄生虫が検出されている。大陸からの使者をもてなす迎賓館としての側面もあったらしい。九五〇年頃まで機能していたそうだ。

　中国東北部にあった渤海国からの使者が出羽に来たという記録が『続日本記』や『日本後記』などに残っている。それゆえ、朝廷にとって出羽に城をつくることが急務であっただろう。ではなぜ、当時の渤海から秋田へ容易に航海できたのか。

　実は季節風や対馬海流などを利用して航行する、日本海を縦断する海の道があったのだ。初冬穏やかな北西の季節風を利用して日本にやってきて、夏季は南風を見定めた。当時日本と海外を結ぶ海の道は朝鮮半島や南方や北方経由のほかに、この日本海の道があったのである。

　渤海使の渡来は七二七年から九二六年の渤海国の滅亡まで三十五回におよんだ。

　七八九年、北上地方で蝦夷の大将アテルイが率いる二千の軍によって、大和朝廷軍五万三千が敗退する。しかし、七九七年に坂上田村麻呂が征夷大将軍となり、八〇一年、アテルイ軍を破る。坂上田村麻呂がいかなる方法でアテルイ軍を撃退したのだろうか。

　アテルイは都まで連行されたのちに処刑された。坂上田村麻呂はアテルイの処刑に反対したが、朝廷の強い命令で刑が執行された。

　京都にある「清水の舞台」などで有名な清水寺は、坂上田村麻呂がこの地に寺院を創建したことがはじまりと伝えられている。

　払田柵《ほったのさく》は、一九〇二年、田を牛馬で耕すための溝を掘ったときに柵木が偶然に発見された。年代測定によると八〇〇年頃に伐採された杉の木であることが判明した。坂上田村麻呂の蝦夷討伐の時期とちょうど重なることになる。文献はおろか、地元の伝承にすらその名前が残っていなかったため、「幻の柵」とも呼ばれている。

　払田柵から東南約二〇〇メートルのところの美郷町《みさとちょう》に厨川谷地《くりやがわやち》遺跡がある。朝廷の祭祀場跡である。

　ここから出土した三点を紹介する。

①墨書土器

　陰陽師が用いたであろう五芒星が描かれている

②災難を払うための呪符木簡

　呪符木簡とは七世紀中頃にはじまった呪術であり、木札に文字や絵によって願いごとをしたものだ。木簡とは、紙が貴重だった時代に、紙のかわりに木の板に文字を書いたもの。出土した木簡には「殁王鬼　急々如律令」と書かれていたものもあった。秋田県埋蔵文化財センターに所蔵してあり、その説明文によると「成仏しない悪霊を急ぎ定めのとおりにせよ。悪霊退散を願った木簡」とある。ここでも鬼が登場する。鬼の正体はなんだったのだろうと私は考えている。

③漆紙文書

　漆の入った壺の蓋紙として貼り付けてあった「紙」のこと。漆の硬化作用によ

日本列島が逆さになった地図（富山県作成の地図を転載）

り、地中でも運よく残存したもの。
秋田市立秋田城跡歴史資料館では、胞《え》衣《な》壺《つぼ》が陳列されていた。八世紀後半の建物遺構の入口付近から発見されたものだ。

胎盤（胞衣）を埋めることで、子供の成長を祈る習慣があった。私は農場で山羊《やぎ》を飼っていたが、子供が生まれると、母山羊は胎盤をすぐに食べてしまう。人間も出産のあとに胎盤を食べることもあるそうだ。不思議な行為である。

▼男鹿半島に入る

日本海に突き出ている男鹿半島。このような地域には何かがある。何かが匂う。海を渡って来た異民族の痕跡など、何かが残っていると私は直感するのだ。男鹿半島といえば「なまはげ」であろうか。大晦日に鬼の姿をした独身の男たちが仮面をつけて蓑をはおり、長刃《ながさ》という先のとがったナタや出刃包丁などを手にして「泣く子はいねか」「なまげ嫁はいねか」といって家々を練り歩くのだ。子供たちは本当に怖いだろう。

さて、ここで登場する鬼の正体は何だろうか。先にも述べたように、この「なまはげ」は粛慎、つまりオホーツク人だろう。

六世紀に入ると、北海道などにいたオホーツク人たちの一部が、日本海を南下して本州の人々と交易をするようになる。中には男鹿半島周辺に住みついた者もいただろう。彼らは平和主義だったが、地元の住民は彼らを恐れ、鬼にしたのである。

オホーツク人が住みついたのは男鹿半島だけではない。実は佐渡島にも住みついていた。ここでも彼らは鬼にされ、みな殺されてしまったようである。

『日本書紀』欽明天皇五年十二月に佐渡の鬼として記載されている。

佐渡嶋《さどのしま》の北《きた》の御名部《みなべ》の碕岸《さき》に、粛慎人《みしはせのひと》有りて、一船舶《ひとふな》に乗《の》りて淹留《とどま》る。（中略）彼《そ》の嶋《しま》の人《ひと》、人に非《あら》ずと言す。亦《また》鬼《おに》魅なりと言《まう》して、敢《あへ》て近《ちか》つかず。（中略）是《ここ》に、粛慎人《みしはせのひと》、瀬波河浦《せなかわのうら》に移り就く。浦《うら》の神厳忌《かみいちはや》し。人敢て近つかず。渇《みづにう》ゑて其の水《みつ》を飲みて、死《し》ぬる者半《ものなかばなんなんと》に且す。骨《かばね》、巌岫《いわほのくき》に積《つ》みたり。俗《くにひと》、粛慎《みしはせ》隈《のくま》と呼《い》ふ

佐渡にある韃靼塚

　佐渡島に渡って調査したのは二〇〇五年十月だった。私は相川町鹿ノ浦にある韃靼塚《だったんづか》を訪ねた。道端にあるさりげないものだった。この塚にはさまざまな由来があるが、私はオホーツク人のものだと確信している。

　韃靼とは「タタール」の中国語読みで、モンゴルからシベリアにかけての広い地域で生活しているモンゴル系、テュルク系、ツングース系など諸民族の総称である。防寒着などに利用するため、海獣の毛皮を求めてサハリン経由で日本にやって来たのである。そして、佐渡まで南下したのだ。日本海を一気に渡るルートを使えば、故郷へ帰る道も近い。

　安西冬衛《あんざいふゆえ》に「てふてふが一匹韃靼海峡を渡って行った」という有名な一行詩がある。「韃靼海峡」とは間宮海峡のことで、「てふてふ」とは蝶のこと。この詩は一九二七年の作だが、当時の韃靼海峡は、日本とロシアとの間で緊張が高まっていた。そんな海峡を一匹の蝶が渡って行ったという。私は高校生の時にこの詩を読んで衝撃を受けた。

鬼の石段伝説

　男鹿半島の門前地区にある赤神神社五社堂には鬼の石段がある。その石段にまつわる伝説によると、昔、五匹の鬼が男鹿半島へやって来た。この鬼たちはしばしば里にやってきて、作物をどろぼうしたり、娘をさらったりして、村人たちは大変困っていた。そこで村人たちは、一番鳥が鳴くまでに、五社堂までの千段の石段を築いて欲しい。もし石段をつくれなかったら、二度と村に降りてこないと鬼たちと約束した。日が暮れると、鬼たちは石段づくりにとりかかった。すると、あっという間に石を積み上げて、夜明け前に完成しそうになった。あわてた村人たちは、アマノジャクに頼んで一番鳥の鳴きまねをしてもらった。朝になったと勘違いした鬼たちは、しぶしぶ山に帰っていき、二度と村には降りて来なかった。

　漢の武帝が五匹の鬼を家来として連れてきたという伝承もあるが、私はここで鬼と呼ばれた者の正体は、オホーツク人であったと思う。

　この石段にまつわる伝説は「なまはげ」の起源ともいわれており、このような伝説は不思議と全国にある。九州では国東、求菩提、霧島など。その事実を知ったとき、私は不思議でしかたがなかった。どうして同様な伝説が九州と秋田で残っているのだろうか（六五頁参照）。

　私は考えた。この伝説はのちの時代になって作成されたものだ。そして私は、これが「九十九伝説」というものであることを知ったのだ。「九十九」は「つくも」と読み、「次百」から来ている。人

国東の鬼の石段

秋田のなまはげ

間は百であり、鬼はしょせん九十九までしかできないから、人間にだまされてもいいという意味らしい。だから鬼は滅ばされても仕方がないという道理だ。この九十九伝説は誰がつくったのか。私は山伏によってつくられたものと思っている。彼らの神は権現様ではないか（山伏たちは六六九年に中国の唐からやってきた集団かもしれない）。

夏目漱石『夢十夜』の第五夜は鬼の石段伝説がモチーフになっている。

大将は篝火《かがりび》で自分の顔を見て。死ぬか生きるかと聞いた。（中略）生きると答えると降参した意味で、死ぬというと屈服しないということになる。自分は一言死ぬと答えた。
（中略）

自分は死ぬ前に一目思う女に逢いたいと言った。大将は夜が明けて鶏が鳴くまでなら待つといった。鶏が鳴くまでに女をここへ呼ばなければならない。鶏が鳴いても女が来なければ、自分は逢わずに殺されてしまう。（中略）

たちまちこけこっこうという鶏の声がした。女は身を空様に、両手に握った手綱をうんと控えた。（中略）

こけこっこうと鶏がまた一声鳴いた。（中略）

蹄の跡はいまだに岩の上に残っている。鶏の鳴く真似をしたものは天探女《あまのじゃく》である

物語の中で大将は、自分（鬼）に向かっていう。夜明けまでに女が現れれば生かしておいてやると。しかし、未明に鶏の鳴きまねをして女をだましたのは、「天探女」だとした。毘沙門天の像で、踏みつけられている者がアマノジャクである。一般的にアマノジャクはひねくれ者とか嘘つきの子供ともされている。しかし、アマノジャクはアマであり、もともとは中国雲南あたりからの渡来人である。漁撈の民であり日本の先住民族であると私は考えている。

山形への旅

▼山形はエデンの園

私が山形へはじめて旅したのは二〇一三年十月である。紅葉したブナの原生林はみごとだった。ブナ一本だけの紅葉はたいしたことはないが、林となるととてもみごとである。ブナには水の神が宿るといわれ、護摩供養《ごまくよう》の檀木《だんぼく》にも用いられる。

ブナ林。落葉の季節も美しい

山形はソバが名産である。「板ソバの里村山」という店を紹介してもらった。ご主人はきっぷがよく、テンプラも漬物も山盛り。とても美味しかった。仙台からわざわざこの店に来ている人もいた。

山形県の道の駅にはアワ、カタクリ、エゴマ、キノコなど、なつかしい農産物が並んでいる。特に個性的なものが食用菊だ。山形県は食用菊生産日本一である。

一八七八年、イギリスの女性旅行家イザベラ・バードが北日本を周遊したときに山形に長く滞在した。彼女は『日本奥地紀行』（第十八信）で山形を「アジアのアルカディア」と表現した。エデンの園をイメージしたのだろう。

▼尾花沢から大石田へ

私は国道十三号線を北上して尾花沢へ向かった。松尾芭蕉は一七八九年、江戸で俳句で親交があったこの地の鈴木清風を訪ね、十日間も滞在している。鈴木清風は紅花《べにばな》を扱う出羽の豪商だった。江戸時代、山形には、友禅染や口紅などに利用されていた紅花という大きな産業があった。一六九八年には三百俵の紅花を江戸に持ち込み、三百両も儲けたという（清風歴史資料館の説明による）。生産地の尾花沢から五キロ先の大石田へ。そして最上川を利用して、河口の酒田の町まで運んだ。そこからは日本海で、すでに確立していた北前船の西廻り航路で下関を経由して大坂や江戸へ運ばれた。

つまり、江戸や京都、大坂と遠く離れていながら、山形は裕福な土地だったのである。そのため、県民性はおっとりしているといわれる。今日、山形県に住む人の年収はそれほど高くないが、貯金は多いそうだ。無駄なことにお金を使わず、必要なときには豪快に使うらしい。

鈴木清風は立派な人だったようで、芭蕉は「彼は富める者なれど志卑しからず」と語っている。芭蕉はこの地で「不

羽黒山にある五重塔。素木造で、現在の塔は文中年間の庄内領主で羽黒山の別当だった武藤政氏の再建と伝えられている。国宝

宇賀神は老人の顔を持つ白蛇の姿をしている（正善寺提供）。記紀にあるウカノミタマに由来するといわれ、弁財天と習合して宇賀弁才天とも呼ばれる。財をもたらす神として多くの信仰を集めた

易流行」を悟ったという。彼は山にこもり、死と再生の世界を求めたらしい。『方丈記』を著した鴨長明が探求していたのも「万物流転（水のごとく、留まるものではない）」であり同様なのかもしれない。空海が唱えた「草木国土皆成仏一切衆生有仏性」も同義だろうか。

　私は日本海側に出て、あつみ温泉にて一泊した。

　最上川河口の酒田市で鳥海山《ちょうかいさん》を望み、それから羽黒山に向かう。一六九五年、参道の入り口に建てられた随神門《ずいしんもん》をくぐって二四四六の石段を進む。両脇には樹齢四百年ほどのみごとな杉並木があり、その先に国宝の五重塔がある。平将門創建と伝えられ、木羽葺《こばぶ》きという薄い木材の板を重ねて屋根を葺いている。

　羽黒山を含めた出羽三山は山岳修験の霊場であって、開山は六四一年に蜂子皇《はちこのおう》子《じ》が三本足の霊鳥に導かれてたどり着いた羽黒山阿古谷で厳しい修行を重ね、ついに羽黒の大神イデハノカミの出現を拝し、その神霊を羽黒山山頂に祀ったのがはじまりと伝えられている。蜂子皇子は聖徳太子の従兄弟で、蘇我氏との対立から逃れてやってきたらしい。当時の日本は、外来の仏教を受け入れるか、昔からの神道だけを守るかで内紛していた。

　山頂にある三神合祭殿《さんしんごうさいでん》は茅葺き屋根の木造建築としては日本最大で、屋根の厚みは二・一メートルもある。

　その後、羽黒山麓にある正善院黄金堂《しょうぜんいんこがねどう》へ向かう。七二八年に聖武天皇によって建立されたと伝えられる国の重要文化財である。私が見学したかったのは、弁財天立像とその頭上にある宇賀神《うかのかみ》である。宇賀神は蛇である。実は羽黒山を含めた出羽三山の信仰も蛇が重要だったのである。正月に飾られる「鏡餅」は白蛇がとぐろを巻いている状態である。

▼出羽国山形の蛇信仰の痕跡

葉山から湯殿山へ

　出羽山地に位置する葉山はかつて霊山とされ、信仰の対象になっていた。私は葉山の山麓にある湯治場として有名な肘《ひじ》折《おり》温泉に宿をとった。この温泉そばにあ

る小松淵に大蛇伝説があるからだ。

地元に残る民話では、昔、小松淵に大蛇が棲みついていた。この大蛇は、村人を川に落としたり、大雨を降らせて田畑を流したり乱暴の限りをつくしていた。この話を聞いたお殿さまは、肘折の大蛇を倒すべく小山八郎をつかわし、八郎はみごとに大蛇を退治した。

大蛇は、この地域を治めていた神のシンボルだったと私は推理している。元来、「葉山」というのは「蛇の山」という意味がある。実は葉山がかつて出羽三山の一つとして由緒ある山だった。

それから私は出羽三山の奥の院である湯殿山へ向かう。湯殿山参篭所から本宮に登る途中に丹生水上神社《にうみなかみじんじゃ》がある。丹生の丹は水銀のこと。昔、金や銅の精錬には水銀が不可欠だった。金などが含まれている原石に水銀を加えて熱すると金と水銀だけが結合する。それを集めてさらに熱すると、水銀は蒸発して金だけが残るのだ。蒸発する水銀の煙を吸い込むと水銀中毒になってしまうため、非常に危険な作業だ。また、鍍金（メッキ）にも水銀が必要だった。

水上神とは水神のことで、水神と蛇神と龍神は同一である。現在のパキスタンにあったインダス文明が、水の文明であったことを海外編で紹介している。彼らの信仰する神が日本まで伝来した可能性は高い。

さて、湯殿山本宮に着く。まず素足になってお払いを受ける。人形《ひとがた》を受け取り、息を吹きかけて身の穢れを人形に移し、それを小川に流す。穢れを祓い、身を清めなければ参拝することが許されない。本宮のご神体は何か。周辺を見渡すと、蛇を彫った五〇センチほどの石板があった。ここでも蛇が登場する。その石板には御祖大神様とあった。しかし本殿らしい建物が見当たらない。私は神主に本殿はどこですかと尋ねる。すると神主は「本殿は山です」という。奈良の三輪山と同じだった。山体そのものをご神体としてとらえるため、湯殿山本宮には本殿がないのだ。

三輪山の山麓にある大神神社を参拝したことがある。三輪山の山麓は古代から交通の要所で、大伴氏などの豪族の拠点でもあったらしい。大神神社では大物主大神を祀っており、ご神体は山そのものである。そのため、拝殿から直接山体を拝む形式になっている。

また、大神神社には巳の神杉というご神木があり、そこには卵が供えられていた。オオモノヌシノミコトの化身とされる白蛇の好物が卵だからだ。湯殿山の山開きの神事のときには、卵の形をした餅が撒かれるそうだ。山形県では正月に食べる餅は卵の形をしているらしい。そして驚くことに、山形名物の玉こんにゃくは卵の形なのだ。湯殿山信仰は奈良の三輪山信仰と深い関係があるのかもしれない

宮地嶽神社の参道から見上げる在自山《あらじやま》は三角形をしている。明らかに神奈備に見立てた信仰であり、奈良の大神神社と同じ形態である。三角形の山は蛇がとぐろを巻いている姿だとも形容される。宮地嶽神社は商売の神様として参拝者が多い。祭神は神宮皇后、勝村大神、勝頼大

神となっているが、その起源は蛇信仰関与しているのではないだろうか。蛇神様が転じて、商売の神様になったのではないかと私はイメージしている。

宮地嶽神社の拝殿正面には、日本一の大注連縄が掲げられているが、この注連縄は、オスとメスの蛇がからまっている様子だと教えられていた。藁《わら》を堆肥の材料にするため、廃棄されていた古い注連縄を解体してみたことがある。すると確かにそれは二匹の蛇がからまって交尾しているようだった。

古い注連縄を解体してみると２匹の蛇が交尾しているようだった。古い神社の鳥居は２本の柱を注連縄でつなぐだけだった

出雲・石見地方では、初冬の海岸に打ち上げられたセグロウミヘビを持ち帰り、とぐろを巻いた状態ではく製にして神社に奉納する。その姿が米を蒸す甑《こしき》を重ねたようなので「コシキダテ」という。

文化人類学者の後藤明氏によると「メラネシアでは、創世神話で最も重要なのは蛇であり、それはインドネシアやオーストラリアと共通する点である」（『南東の神話』）とある。また、「蛇」は『日本書紀』では「ミツチ」と訓《よ》まれていて、水神のことを意味する（一一八頁）。この「ミツチ」は「蛟」とも書き、中国の「蛟龍」からきている。これは中国の雲南省周辺（越）からの渡来人の影響だと思う。また、「虹」の虫偏は「蛇（龍）」のことで、古代の中国では、虹を蛇や龍が天に登るときに弧を描きながら鱗が光に反射して輝いていると考えていた。オーストラリアの先住民のアボリジニの神話にも「虹蛇《にじへび》」が登場する。

The Rainbow Serpent is the principal culture hero among the Aborigines of north Australia

虹蛇は北オーストラリアのアボロジニーにとっては最も大切なヒーローである

KUN-MAN-GUR is the masculine aspect of the Great Snake

クンマンガーは最も勇敢な蛇

『Kun-man-gur』

（訳は著者）

この虹を蛇や龍とみなす考え方は世界各地に存在している。

▼宗像市葉山にある雨森天神社

宗像市にかつて葉山という、うっそうとした木が茂る丘があった。現在は葉山団地という住宅地になっており、ここに雨森天神社がある。

昔ここには、神聖な池があったと私はみている。団地ができたあとも、たたりを恐れ、しばらくこの池は埋められずに残っていた。この池には蛇伝説があった。

蛇を祀る坏、手前にマムシ

宗像市葉山にある雨森天神社

その伝説を蛇ではなくて白ナマズに変え、「まんが日本昔話」で「雨を降らせる白なまず」としてテレビ放送もされた。

　縄文時代の出土品には、ほとんど蛇信仰の痕跡は発見できていない。関東および中部地方で発掘される勝坂式土器などに蛇の造形があるが、蛇信仰なのかはわからない。縄文時代は自然崇拝だったが、二千年ほど前に鉄文明を携えた民族の来訪によって、対抗処置として蛇を神として象徴化せざるをえなかったのではないかと私は思っている。

　世界的に見ても、蛇信仰は鉄文明に対するアンチテーゼ的な側面があったかもしれない。

　日本において、七世紀以降の祭は中国の影響を大きく受けた。しかし、それ以前は蛇を祀り、世話をする巫女である「蛇巫《へびふ》」を設けることが多くあったようだ。この蛇巫は、古代から世界中に広く存在していた。（一二二頁参照）。すでに四千年前のメソポタミアの青銅器文化の時代は蛇が大地の女神であったらしい。

吉野裕子氏は「祀りとは巫女による蛇との「交合」のことであった」と述べている（『蛇』法政大学出版局）。

　『常陸国風土記』の那賀郡「くれふしやまの蛇」においても蛇と娘の婚姻伝承がある。その中で娘が産んだ小蛇を「浄き坏《つき》に盛りて、壇を設けて安置けり（清浄な素焼きの器に入れ、祭壇を設けて安置した）」という記述がある。「坏」には中国語で「悪い」という意味がある。日本語では「運がある」ことを「ツキがある」というが、この「ツキ」とは「坏」が起源ではないかと私は思う。「坏」を常日頃から祀っているといいことがあるという意味だろう。

　ハウススネーク（House Snake）というものがある。アルナチャールやパキスタンの北部の人たちは蛇を家に飼って、家畜のミルクを与えていたそうだ。

　祭祀の「祀」は巳（蛇）を祀ることだった。

縄文王国・山梨へ

▼山梨県を訪問

私が山梨へ旅したのは二〇一〇年十月である。

「山があるのにやまなし県とはこれいかに」昔からいわれる言葉遊びである。

私の歴史研究の大きな焦点は旧石器時代、縄文時代にもあてられている。それはこの時代が学校教科書などから受けてきたイメージとあまりにかけ離れているからだ。

長野県、群馬県を含めて中部高地に属している山梨県は縄文王国といわれている。

早朝の一番列車に乗って、甲府駅に着いたのは昼過ぎだった。駅前でレンタカーを借りて山梨県を縦横無碍に走った。

まず、山梨県立考古博物館で夕方まで過ごす。そして南アルプスが一望できるという夜叉神峠の麓の民宿に宿をとった。サルたちが宿のまわりでたむろしている。

未明に宿を出発して一時間ほどのトレッキングで夜叉神峠にたどり着く。写真は峠から見た南アルプスのながめだ。右側の峰が北岳。ガスにあわないためには早朝がベスト。つい先日に初冠雪したばかりでラッキーだった。午後は日陰になるので、やめたほうがいい。夜叉神峠からさらに先に進むとライチョウやカモシカと出会えるそうだ。

▼四十六億年の地球の歴史

四十六億年前に太陽系の惑星の一つとして地球が誕生した。人類が誕生したのは五百万年前といわれている。しかし日本列島に人類が住み着いたのは、たかだか四万年前らしい。

人類は直立二足歩行して、手を自由に使い、火を利用することによって、ほかの生物に対して圧倒的に優位に立った。しかし、直立することによって、女性は産道が変形して狭まり、生みの苦しみを背負わされたのである。泣きながら生まれてくる生き物は人間だけである。生まれ出ずる悩みである。

縄文時代、十五歳まで生きる確率は五割ほどだったそうだ。死産が多く、出産のときに命を落とす女性も多くいた。

神は人間に罰を与えたのだろうか。人間は罪を背負っているのだろうか。人間は贖罪《しょくざい》するために生きているのだろうか。

現在は医療技術の進歩によって死産の可能性はかなり低い。肉体は大人になっても、「真の人間」を完成させるのは困難である。科学、生産技術、医療技術の進歩は「生命」としての人間を脆弱《ぜいじゃく》にし

夜叉神峠から南アルプスを望む

ていくのだ。

　ちなみに、ゴキブリは三億年前から地球上にいたことが化石からわかっている。彼らは朽木やダンボールと水さえあれば生きていける。それだけを材料にして体内に微生物を養殖し、その微生物がつくり出すタンパク質などを吸収している。ヤギなどが草だけを食べて生きていけるのと同様である。彼らは地球の大先輩である。

▼旧石器時代の日本

　山梨県北杜《ほくと》市に横針前《よこはりまえ》久保《くぼ》遺跡がある。三万年前の旧石器遺跡で、ここで発掘された黒曜石（ガラス質を多く含んだ溶岩が固まったもの）が二〇〇キロも離れた伊豆諸島神津島産であることがわかった。三万年前の旧石器人は、何を求めてはるかなる海を渡ったのだろうか。

　同じ北杜市内にある丘の公園第二遺跡は二万年前の遺跡で、十六カ所の石器ブロックと三十基の礫群《れきぐん》が確認されており、大きな旧石器人の集落があったようだ。

　石器ブロックとは、さまざまな石器が密集して発見される区画のこと。壊れたものやつくりかけのもの、石器のかけらなど石器の製作過程を示すものも多く出土する。礫群とは、握りこぶし大の石が大量に発見される遺構。多くの石に焦げた跡が見られることから石焼料理などをする場所だったと考えられている。

　三万年前、すでに伊豆諸島の島に航行できる社会が存在していたことは衝撃的である。石槍の先端に使われる尖頭器などが貨幣の代わりだったという説を唱える人もいた。氷河期において旧石器人はどんな家に住み、どんな暮らしをしていたのだろうか。氷河期だから洞窟の中とか地下での生活のように想像していた。

　しかし、遺跡調査によって意外と開けた土地に住居跡が発見されている。氷河期に寒さ対策ができたのだろうか。

　私は仮説を立てた。住居の骨組みは四メートルぐらいの木材数本を円錐形に組み、ナウマンゾウなどの毛皮で覆ったのだろう。この時代には縫い針も使われていたようだ。二重に覆い、間に草などを

ナウマン象の化石。牙と大腿骨の化石。大腿骨は堅いため細石器の柄に用いられた

はさんで空気の層をつくり、中心で火を焚き、断熱して冬の寒さをしのいでいたのではないだろうか。

それは大型哺乳類が捕獲できたから可能だったのだろうと私は想像している。石槍でナウマンゾウやオオツノシカを捕獲していたのだろう。しかし、いくら石器時代の人類がたくましかったといっても、離れたところから石槍を投げて獲物に刺さるはずがない。なぜ貧弱な道具で大型獣を捕獲できたのだろうか。

それは、人間が汗をかくことができるからだ。ヒトは汗によって体を冷やし、体温を一定に保つことができる。汗の気化熱による冷却方法は非常に効率がいい。獣のように猛スピードで走ることはできないが、水分を補給することによって長時間獲物を追いかけることができる。一方、動物は汗をほとんどかくことができない。そのため、長時間走ると熱が体にこもり、動けなくなってしまう。つまり、オーバーヒートを起こした状態になってしまうのだ。そこで、すぐ近くから石槍でとどめをさすことができたのだ。この獲物を疲労させて狩る方法を持久狩猟という。人間の体毛が薄くなった理由は、汗による蒸れを防ぐためであると私は確信している。

さらに、大型哺乳類を捕獲する重大なポイントがある。それは、多くの落とし穴が発見されていることだ。これも捕獲における革命的な方法であろう。細石器の発明も重要であったことは北海道への旅でレポートしている（二六頁参照）。これらによって人間は汗かく努力を忘れてしまったのかもしれない。のちの時代、農耕文明と鉄文明によって人類は人間同士による戦乱の時代に入り、宗教が誕生する。

▼旧石器時代から縄文時代へ

十一万年前頃に阿蘇の大噴火があった。そして二万九千年前の姶良火砕噴火により、鹿児島湾がおおよそ現在の形になり、シラス台地もできた。そして、約二万一千年頃に、ビュルム氷期はピークを迎える。この時期にナウマンゾウやオオツノシカなどの大型哺乳類が滅んだらしい。気温が現在より約七度も低く、海水面は一二〇メートルも低かったという。

瀬戸内海の一部も当時は草原地帯で、海底からは、ナウマンゾウの化石が漁船の底引き網漁によって多く発見されている。残存しているのは固いキバと大腿骨がほとんどだ。

そして月日は流れ、一万二千年前、縄文時代の到来である。温暖化し、海水面が上昇して植生が草原から森へと代わっていった。そして鹿などの動物が繁栄していった。そうなると捕獲道具は石槍ではなく弓矢に代わる。

海岸沿いに住んでいれば魚貝類が容易に採集できるのだが、なぜ内陸の山梨で縄文文化が栄えたのだろうか。

証明されていないが、かつて甲府盆地は大きな湖であったという説がある。縄文中期の山梨県は温暖な落葉広葉樹林帯であり、ドングリなどの山の幸が豊富であったこと、交易が盛んであったこと、ヒスイの産地である糸魚川に近いこと（現在最古のヒスイのペンダントは約六千年前、山梨県の天神遺跡のものだそうだ）。山梨は水晶の産地であったことも重要である。

くり返しになるが、一万年以上も続いた縄文時代において、戦争のための武器が全国的にほとんど出土していない。信じられないことだが事実である。この事実は世界的に注目されている。

そしてこの時代では鏃などが貨幣として使用されたのだろうか。

さらに交通手段として富士川、そしてその支流である釜無川、笛吹川があったこともポイントであろう。川を利用した交易が可能だったからだ。それによって海岸地方の縄文人と塩や干した魚介類を手に入れることができたのだ。それが山梨が縄文時代に栄えた理由である。

以上のことをイメージできたことが私の山梨県の縄文文化を訪ねた旅の最大の成果だろう。

山梨県北杜市の津金御所前遺跡から出土した顔面把手《がんめんとって》付深鉢《つきふかばち》も興味深い。縁と胴部に人面の装飾が施されており、縁の装飾が女性で、胴部は赤ん坊が生まれる瞬間が造形されていると考えられている。

女性は土器を使って煮炊きをする。そして死亡したときには、この土器をひっくり返して遺体に乗せ、地下に埋葬していたのだ。つまり食事の道具と葬儀の道具が一緒であったのだ。

食事でいただいた生き物の命と、自分の命が同一視されていたと私は推測している。すばらしい生き方であったと思う。誕生と死と再生を表現し、実践されていたのだろう。

彼らは学校で哲学を学ぶ必要はない。縄文時代がさらに解明されていくことを期待している。

山梨県で出土している手形足形付土製品もおもしろい。子供の手形や足形を土器として残しているのだ。子供の成長を記念として残しているのだろうか。赤ん坊が握った粘土をそのまま土器にしているのも山梨県立考古博物館に展示してあった。

北杜市の金生《きんせい》遺跡も重要である。八ヶ岳の南麓にあり、国の史跡に指定された。縄文後期～晩期の遺跡で五基の配石遺構が発掘されており、大量の石棒や土器が出土した。さらに、一三八頭のイノシシの下顎の骨が出土しており、何らかの祭祀の跡ではないかと考えられている。いかなる祭祀があったのか。

末期の金生遺跡などから発掘された急《きゅう》須《す》や徳利《とっくり》は、現在、私たちが使用しているものと同じ形である。縄文文化が現代にも引き継がれていることがおもしろく、

富士山の山頂に太陽がかかった瞬間。ダイヤモンド富士と呼ばれている

すごいことだと思う。

　縄文末期、寒冷化などの要因によって、縄文文化は衰退していった。紀元前三〇〇年頃、条痕文土器の浸透とともに土偶などの精神文化がなくなる。集落が集中、巨大化して抜歯などの風習がひろまり、家系などの集団に所属した人間だけが寒冷と食糧難の時代を生き延びたのだろう。縄文時代の終焉であり、弥生時代のはじまりとなる。

左が通称「ちゅうた」と呼ばれる土偶。右は是川遺跡から発掘された土偶。両者ともに私が所有しているレプリカ

　写真は「ちゅうた」という愛称がつけられている中空土偶と青森県八戸市にある是川《これかわ》遺跡から出土した土偶のレプリカである。三四〇〇年前の遺跡から出土したもので、全高二〇センチほど。女性が手を合わせて祈っている。何に対して祈っているのだろうか。服装は豪華で、髪は伸ばしてかんざしで留めてある。

　この山梨への旅で富士山を見ることができた。実は、富士山をじっくりながめたのは今回がはじめてだった。あまりに有名すぎたので逆に関心がなかったのである。何はともあれ、富士山をじっくり観察することができた。実にすばらしい山である。日本に住んでいるなら必ず見るべきだ。実にみごとな円錐型の山である。富士山は噴火が何度もあり、偶然が重なったことによってなしえた奇跡の山なのであった。富士山信仰も盛んであり、日本のシンボルだろう。

六日市町と柿木村へ

▼中国山地の伝説の町を訪ねる

二〇一一年八月、六日市町と柿木村へぶらりと旅にでた。以前から訪問したかったのだが、高速料金が無料になるというので、うまい話にそそのかされて、なかなか出かけられなかった。結局、無料になる日は来なかった。政治家のいうことはアテにはならない。

斜面で生育した樹木は、根元で曲がって生長する。「アテ」とは、その曲がった根元の部分のことを指す。製材して家具にすると数年後は曲がってしまい、使いものにならないことが語源である。

二〇〇七年、六日市町と柿木村は合併して吉賀町《よしかちょう》になった。中国山地の島根、広島、山口の境界にある町だ。島根県に属するが、屋根には石州瓦が意外と少なく、山陽の経済圏なのかもしれない。石州瓦は独特な赤褐色をしていて、石見地方のシンボル的なものだ。人口は六二八六人、世帯数は三一八二（二〇一八年）である。

江戸時代は津和野街道の中継地であり、匹見、津和野、益田などと瀬戸内を結ぶ交易の町だった。吉賀町の北側にある匹見町（現益田市）は、和紙の生産が盛んで、柿本人麻呂が和紙の製造方法をこの地に伝えたといわれている。柿本人麻呂は今でも紙祖八幡宮にある人丸社に大切に祀られている。

私は二〇〇八年の初夏に匹見町紙祖にある紙祖八幡宮を訪れ、神主さんにお話を伺ったことがある。匹見地方の歴史は、この和紙の歴史と密接に関わっている。

戦国時代から江戸初期にかけて大久保長安という武将がいた。彼は石見銀山の初代奉行であったといわれており、今でも島根県浜田市弥栄町《やさかちょう》に長安本郷という地名が残っている。私の先祖なのかと思い、その調査もしたかったからだ。今でこそ山間部の小さな町だが、昔は都会のように栄えていたようだ。

今回の旅は吉賀町がターゲットだ。自然豊かな町で、高津川は日本一の清流に選ばれている。水源会館の展示パネルによると、一五メートルほどの大蛇が室町時代に捕獲されたらしい。その記録が『吉賀記』に残っており、頭骨は三宮神社の社宝として大切に保管されている。アオダイショウの変異であろうか。南米にはアナコンダなどの巨大な蛇が生息しているらしい。

ツキノワグマは今も多くいるらしい。役場の方の話では、民家近くにときどき

豊後大野の柴山八幡の夜神楽にて。ヤマタノオロチを模した藁を真剣で切る

室町時代に発見された大蛇の絵（吉賀町水源会館提供）

出没するので、屋外放送で注意しているという。民宿の方の話だと、庭にある栗の木から落ちた実を夜中に食べに来るのだそうだ。人畜に被害はなく、やさしい森の王者として人々と共存している。

深谷渓谷には、ブッポウソウというきわめて珍しい夏鳥がやってくる。全国的に個体数が減少しており、日本では絶滅危惧種に指定されている。渓流の主であり、貴族的な高貴な野鳥である。この渓谷が超一級であることの証明である。しかし最近はカラスがちょっかいをかけるので困っているようだ。

▼吉賀町の歴史を追ってみるなら

吉賀町では、旧石器時代の遺跡は発見されていないが、縄文時代の遺跡は多く発掘され、七千年前の土器片や鏃などが出土している。石器の素材は、讃岐産のサヌカイトや大分県姫島や佐賀県産の黒曜石だそうだ。

吉賀町は山間部のため塩がない。よって瀬戸内海の塩を平和的に交易していたことは明らかである。土器などは水源会館に展示されている。

吉賀町の有史はヤクロシカ伝説からはじまる。『六日市町誌』ならびに、田丸地区の庄屋の尾崎太左衛門によって一八〇四年頃にまとめられた古記録『吉賀記』からあらすじを簡単に記したい。

文武天皇の時代、筑紫で悪鹿の害が横行していた。その鹿は足が八つあり、角は八又にわかれている。天をかけめぐり人畜に被害を与えていた。天皇は藤原為実、藤原為方に悪鹿退治を命令され、二人は北面の屈強な武人江熊太郎を引き連れて悪鹿のあとを追った。悪鹿は筑紫から周防へ、そして吉賀の大鹿山に逃げ込んだ。江熊太郎は臆することなく戦いを挑み、毒矢で悪鹿を仕留め、みごと退治に成功した。

吉賀町には二つの奇鹿《くしか》神社があり、この神社にヤクロシカのむくろを収めたという。

「悪鹿」を賀して「吉鹿」としたことが地名の由来である。鹿足《かのあし》郡《ぐん》の由来もここから来ている。私は、筑紫と出雲の中

ヤクロシカの伝説を伝える八久呂太鼓。水源祭にて

間に位置するこの地に逃げ込んだこともポイントだと考えている。

　吉賀町の剣玉《けんぎょく》神社には抜月《ぬくつき》神楽が伝承されている。その演目の一つに「八久呂鹿」がある。抜月神楽二十番「八久呂鹿」には

長野四郎
「そもそも自らは国見の国の住人長野四郎左衛門と申すなり。此の度、出雲の国の簸ノ川上より逃げ来たる八足八角の八久呂の大悪鬼を退治せんとて」（中略）

八久呂
「お、、我は此れ、昔千年出雲の国簸ノ川上において素戔嗚命に殺められたる八岐の大蛇の一族にして、時を経て筑紫に渡り、筑紫一体を我が物とし、又此の地に立ち帰り、田野原一本杉の麓にて身を洗い、立戸大岡山の山麓に身を潜め、此の地を我が物にせんとする八足八角の八久呂の大悪鬼と我が事なり」（後略）

（「島根県鹿足郡六日市町抜月」島根

水源会館前の広場にて。水源祭の様子。水神の大蛇

県古代文化センター調査研究報告書
十一）

とある。ヤクロシカは出雲のヤマタノオロチ一族で、一旦筑紫へ逃げ、それからこの地にやってきたことになっている。出雲から筑紫へ逃げたということは、両地の何らかの関係があったということだろうか。

ちなみに、七〇〇年頃は大和朝廷と隼人との戦乱の時代であった。

このヤクロシカ伝説から、悪鹿の正体を探りたくなる。

七〇〇年頃の筑紫の歴史を調べると、『続日本紀』に興味深い記述があった。文武天皇四年六月三日の記述を引用する。

六月庚辰、薩末比売《さつまのひめ》・久売《くめ》・波豆《はづ》、
衣評督《えのこほりのかみ》衣《え》君県《あがた》、助督《すけ》衣《え》君弖自美《てじみ》、
また、肝衝難波《きもつきのなには》、肥人等《くまひとども》を従へて、
兵《つはもの》を持ちて覓国使《くにまぎのつかひ》刑部《おさかべ》真木《まき》らを
剽劫《おびやか》す。是《ここ》に竺志惣領《つくしのそうりよう》に勅《みことのり》して、
犯《ぼむ》に准《なずら》へて決罰《くゑつばつ》せしめたまふ。

薩末比売は隼人であろう。久売は沖縄にある地名の久米や古見との関連性が明確だと私は確信している（七九頁参照）。波豆も新羅系なのかもしれない。この薩末比売・久売・波豆の三名が、肥後の人を従え、武器を持ち、覓国使《べつこくし》の刑部真木を脅した。覓国使とは各国を調査するために派遣された朝廷の使いのこと。つまり彼らは、朝廷に反抗したのだ。それに対し、竺志惣領に勅して法に則って処罰したという。

時代は白村江の戦（六六三年）の敗北のあと。南九州の政治体制を安定させようとする中での出来事だ。斉明天皇が六六一年七月に、朝倉宮にて亡くなったとき、「朝倉山に鬼有りて、大笠を着て喪の儀を臨み見る。衆皆嗟怪しぶ」（『日本書紀』）とある。

七〇二年に大宰府に武器が集められ、有事に備える動きが出てきて、七一三年には大隅国が設置される。そして七二〇年、大規模な隼人の反乱が発生する。

白村江での敗戦、朝廷への反乱など、不穏な空気が流れていた頃であり、ヤクロシカ伝説が形づくられた背景と何らかの関係があるかもしれない。

ヤクロシカ伝説は『日本書紀』や『古事記』に伝わるヤマタノオロチと類似しているが、退治されるヤマタノオロチは「越」という製鉄技術を携えた民族の象徴ともいわれている。

伝説で語られるヤクロシカは、実は新羅系の豪族、または南方系の民族の象徴であったと推理している。役場の方に話すと町としては神話としての伝承を大切にしているとだけだといわれた。この説を唱えるのは私だけだろうか。

エコビレッジセンターでヤクロシカ伝説、水彩画展があったので訪ねてみた。センターは木造の旧中学校校舎で、実に温かみのあるいい建物だが、耐震強度の問題で存続できないのだそうだ。鉄筋コンクリートの骨組みであっても、床だけは木材にしてもらったらうれしく思う。

▼吉賀町の平家の落人伝承について

幼少の安徳天皇とその母建礼門院徳子ら平家一族が、京都六波羅の邸宅を自ら焼き払い、西へ落ちていったのは一一八三年のことだ。山口県下関市の壇ノ浦にて、平氏と源氏の長きにわたる権力争いが終わりを迎えた。多くの平氏は命を落とし、生き残った者の中にはは、名を捨てて堂々と暮らした者、山間部へ落ちのびた者などがいた。平家の落人伝説は西日本各地に残っており、吉賀町にもいくつかある。

岩国市との境にある平家ヶ岳や津和野町にある集落左鐙《さぶみ》の由来も平家落人と関係があり、吉賀町の大井谷や岩国市深谷地区の古老も自らが平家落人の子孫であることを自慢にしていた。

下ヶ原地区から入ったところにみごとな平栃の滝がある。平栃の滝はこの沢にある五つの滝の総称で、一番奥にある滝を源兵衛滝という。

平家の落人である坂田源兵衛は、年老いた母親を連れてこの滝の奥にある岩穴に隠れ暮らしていたが、源氏の追手に見つかり処刑されてしまったという伝説が残っている。滝より奥はかなり険しく、登山道が全く整備されてなかったが、私は源兵衛母子が隠れ住んだという岩穴を目指し、草をかき分けて入った。帰りの降り道で迷いそうになった。こんなところで迷うと遭難して命取りになる。源兵衛と年老いた母親はこんな山奥まで逃げ込んだのだ。

彼らを執拗に追い詰める源氏の武士たちがいた。法師淵地区にある源氏谷は平氏の残党を追う源氏が陣を構えた場所だと伝わっている。私は法師淵地区にも出向き、地区の方に源氏谷の場所を尋ねた。ほとんどの土地の人が知らないという中、やっと場所を知っている人を見つけた。早速、そこへ向かおうとすると、地元の人から熊が出没するといわれたのであきらめた。

▼木地師伝承をたずねる

木地師とは、ろくろなどを用いて椀や

木地師の墓

盆などの木工品をつくる技能者のことである。文徳天皇の第一王子である惟喬《これたか》親王がろくろを広めたという伝説が残っている。信望も厚く、尊敬もされていたが、源信《みなもとのまこと》の諫言《かんげん》により、結局皇位にはつけなかったといわれている。

彼は巻物の軸からろくろを思いつき、器をつくることをはじめたといわれている（ろくろの歴史は古く、約三千年前まで遡るといわれており、インダス文明やメソポタミアでも使用されていたという。日本では須恵器の中に、ろくろを使用した痕跡があるものが出土している）。惟喬親王は全国に木地師の拠点となる集落をつくり、その一つがここ吉賀町六日市にあった。

木地師たちは諸国を自由に移動することが許されており、さらに、草刈り場に払う山手銀という税金も免除されていた。延文二年の足利尊氏の教書にも記載されている（『六日市町史』）。昔の農家の多くは、飼育していた牛の餌や堆肥のための草刈り場に対して税金がかけられていた。木地師たちは免除されていたが、明治時代になってその特権は外された。

なぜ彼らは自由に日本中を移動することができたのか。それは、木地師は惟喬親王一族であったからだと私は想像している。

現在、我々は全国を自由に移動できるが、中世では朝廷や武家政権、荘園領主、有力寺社などが独自に関所を設け、税を徴収していた。江戸時代においても、一般人が関所を越えて移動することは不可能であり、特別の許可が必要だった。関所を越えたい場合は、地元の寺院が許可証を出していた。寺は今日の役場のような役割を果しており、町や村に住む人々は、寺を中心とした檀家制度によって管理されていたのだ。

では、なぜ木地師だけが特権を受けられたのか。私は愛車の軽トラをとばして木地師の集落へ向かった。吉賀町の町中を離れ、林道を二十分も走っただろうか。民家も畑もない。こんな山中に人間が住んでいるのだろうか。私の軽トラは一七万キロも走っていたので不安になった。しかし、どうにか人が住んでいる集落にたどり着いた。こんな山奥の孤立したような地域なぜ住んでいるのか。木地師の正体とは。集落のお年寄りに尋ねた。

「ここはもともと木地師の集落ですね」

「そんな話は聞いてない」

私はちょっと戸惑いながら

「明治時代までやっていたという記録がありますよ」

しかし、村人たちはあっけらかんとしている。彼らはよそ者に自らの出自を語ろうとはしない。私は金山谷《かなやまだに》集落のはずれに木地師の墓を見つけた。木地師小椋余右衛門の妻の墓とある。石祠には、

「弘化二年」（一八四五年）と刻まれていて菊の御紋がはっきり見てとれる。菊紋は天皇家の家紋だ。なぜ木地師の墓にそれが彫られているのか。

帰りに五十歳代のご夫婦と出会った。家に上げていただいて、コーヒーと茶菓子をごちそうになり、二時間ばかり話し込んだ。九州から軽トラックに乗って、こんなところまで来る青年に関心があったのだろうか。そしてご主人は、木地師の「正体は朝廷の隠密」だったことを教えてくれた。そんな木地師であったから、婚姻も地元の人とは結ばれずに、大分県の宇佐や四国の讃岐、伊予の木地師同士で結ばれていたという。

吉賀町の方言で「せんないねぇ」という方言があるそうだ。これは四国の方言で、四国の木地師が移り住んだからだといわれている。

この集落の安永家にある九十年前の立派な鏝絵《こてえ》を見せていただいた。鏝絵とは、その家の富の象徴として、左官が外壁につくった漆喰《しっくい》のレリーフだ。この家の鏝絵はライオンが描かれている。かつては龍を描いていたが、できあがってすぐに水害に見舞われてしまったそうだ。龍では力が弱いからライオンにしたそうだ。

▼大分・吉賀を結ぶ龍の駒

私はさらに奥の吉賀町田野原を目指して進んだ。すると一番奥の河津地区に崎《さき》所《のせ》大明神があった。

一一六二年のこと、山城の阿賀（現岩国市美和町阿賀）に佐伯上卿後胤《しょうけいこういん》重行という者がいた。彼は、石州吉賀の樋口（現吉賀町樋口）で一頭の子馬を買い、「龍の駒」と名付けて大切に育てていた。一鞭で千里を走る名馬に育った「龍の駒」の話を伝え聞いた朝廷は、その馬を差し出すように命じた。しかし重行はそれを拒否し、姿をくらましてしまった。するとと朝廷は、長男である小五郎を捕らえ、四条川原で処刑してしまった。重行は、意地を通して馬を渡さなかった行為を悔い、息子を失った悲しみのうちに自決した。村人たちは崎所大明神に重行と「龍の駒」を祀ったと伝えられている。

大分県佐伯市にも崎所神社があり、彼らは元々この地の出身であったが、厳島の平清盛に仕え、馬をめぐる争いで佐伯を追われ。吉賀町の山奥にたどり着いたという説話も伝わっている。岩国市崎所にある山は、小五郎山と名づけられている。重行ではなく重氏とし、息子の小五郎の名前を重行とする説話もある。ヤクロシカのことも重ねあわせると、出雲・筑紫を結ぶ関係に対する疑念がさらに深まる。

社伝によると崎所神社の創建は一一七一年だといわれている。この神社は広兼氏の氏神であり、彼らは山師としてこの地に入ったともいわれている。

そもそも、当時の朝廷と木地師と山師はどのような関係だったのだろうか。そして彼らは鎌倉時代以降、何をもって生活していたのだろうか。くり返すが、器などをつくるだけならこんな山奥で生活する必要はない。山師として金、銀、銅、水銀などを探すことが本命になっていたのだろうか。それらの金属の精錬をしていたのだろうか。熊が多くいるので猟師としても生計を立てていたのか。

　私は旅の最終日の三日目、安蔵寺山に津和野側からトレッキングした。ブナなどの原生林がみごとだった。登山道は雨上がりの早朝だったので、蛇だらけだった。蛇は見え隠れすることもあって山の神のシンボルなのだ。大きなガマガエルもいた。頂上からは小五郎山も見えた。下山したあと、柿木村にある茶色のにごり湯「はとの湯荘」で休息してから帰宅した。

▼秘密尾地区にある氷見神社

　吉賀町から中国山地をはさんで南西の方向にある周南市須万《すま》秘密尾《ひみつお》に由緒ある神社がある。氷見（比美、火見）神社である。露嶋宮とも呼ばれている。江戸中期に編纂された『防長寺社由来』によると、神亀五年に蔵王権現、宝亀二年に熊野権現が勧請《かんじょう》されたとある。（『鹿野町誌』）

　平安時代初期に編集された歴史書である『三代実録』によると、貞観九年八月に「周防国の比美神社に従四位下を授ける」とあり、この時にはすでに社殿が建てられ、祀られていた。祭神は闇於加美《くらおかみ》であり貴船神社と同様に水神（蛇神）である。

　元来、日本は蛇神を祀っていた地域が多いようだ。「於加美」の「於」は「御」と同義であって平安時代から尊敬を表す接頭語である。「加美」や「比美」の「美」は蛇の「巳」であるし、卑弥呼の「弥」は蛇の「巳」ではないだろうか。中国では毒蛇のことを「蛇」と呼んでいた。『和名類聚抄』によると、蛇は「倍《へ》美《み》」とも書き、『古語拾遺』では「羽羽《はは》」は大蛇のことを示すとある。

　蛇神は封印されてきたのかもしれない。それは世界共通であり重大な歴史である。氷見神社の鎮座する山は馬糞岳と呼ばれており、上宮周辺は女人禁制とされている。鎮守の森である社叢《しゃそう》はみごとな原生林で、山口県指定文化財になっている。

▼錦町の木地師

　二〇一八年三月に訪れた吉賀町南側の錦町にある木谷山地区にも木地師住居跡や平家屋敷跡が残存している。木谷川の渓流を登って行くと看板もある。熊が出没するので一人では山に入らないよう注意書きもあったが、私は進んだ。木地屋という地名も残っている。小学校跡もある。山奥に一軒だけ民家があって今でも生活している。

　木地師と里人との交流は限られていた。全国的に見られる「椀貸淵《わんかしぶち》」という伝承がこの地にも伝わっている。

　里人がまとまった数の食器が必要なとき、ある淵や洞穴に頼むと、次の日にはちゃんと揃えてある。用が済んだあとにお礼にお米などを添えて返していた（『錦町史』民俗編）。

▼スサノオはアーリア系ペルシャ人の騎馬遊牧民

　二〇一七年九月二十三日、吉賀町の抜月地区に伝わってきた抜月神楽を見学し

左の鍾馗（スサノオノミコト）が右の鬼を退治しようとしている。鍾馗の手には白い茅の輪（フワルナ）が握られている

た。「鐘馗《しょうき》」という十三番目の演目がとても興味深かった。

　写真では鐘馗と鬼が対峙している。左側の鐘馗（邪気を払い、唐の玄宗皇帝を病から救ったという伝承を持つ神［武将］。セリフの中でスサノオノミコトと同一とされている）が「茅《ち》の輪」という名の武器をかざしている。そして右側では鬼が「鬼神棒」を持って応戦している。茅の輪は元来フワルナ（光輪）という鉄の武器を表している（一三〇頁参照）。かつてイラン系ペルシャ人が製鉄技術によって巨大帝国を築きあげた。

　両者は以下のような台詞を語りながら舞台で舞う。

（前略）

鐘馗

「お、、自らは一にいわく日ノ神、二にいわく月ノ神、三にいわく日子《蛭子》命、四男健速神素戔嗚尊と申すなり。汝如何なる者ならん。」

鬼

「お、、我は此れ、春の疫病、夏の

伊勢地方に現在も残されている蘇民将来子孫家門と記されたつり下げ型木柱の護符（護符とは避疫のための紙札、木札、茅の輪、角柱などのこと）

福山市の素盞嗚神社の茅の輪くぐり（素盞嗚神社提供）

瘧癘《ぎゃくれい》、秋の千原《（血腹）》、冬の咳病《がいびょう》、一切の病を司る大悪鬼とは我が事なり。」

鍾馗

「お、、汝が意に従うか、外つ国に退くか、さもなくば汝が運命討ち取る事、只今の事なり。」

（後略）

（島根県古代文化センター前掲調査研究報告書）

「茅の輪」は茅《ちがや》という植物を束ねてつくる、初夏、半年分の穢れを清め、残り半年の厄を祓う「夏越祭《なごしさい》」の中で、大きな茅の輪つくってそれををくぐる「茅の輪くぐり」という神事が多くの神社で行われている。元祖は広島県福山市にある素盞嗚神社だといわれている。

茅の輪神事で全国的に有名なのは京都の八坂神社（祇園社）である。八坂神社はスサノオの本地である牛頭天王を神にあてているが、一方で祇園祭においてダドクケノカミ（蛇毒気神、八岐大蛇の化現という説がある）の神輿があり、御霊信仰でもある。

スサノオの正体を解明するために『釈日本紀』に採録されている「備後国風土記逸文」も吟味しなければならない。

『風土記』は元明天皇の命を受け、七一三年から編纂された地誌であり、『釈日本紀』は一三〇〇年頃に編纂された『日本書紀』の注釈書である。この『釈日本紀』の本文中に『備後国風土記』の一部が引用され、それが現代に伝わっている（『備後国風土記』そのものは現存しない）。「備後国風土記逸文」の記述を私なりに解釈すると以下のようになる。

スサノオが南海の神の娘たちに夜這《よば》いをしたあとに村人に宿と食事を頼んだ。「蘇民将来」という名前の村人は彼を受け入れた。「速須佐の雄の神（スサノオ）」は腰の上に「茅の輪」をつけていた。村人に同様にするように勧めた。そして家の入口に「蘇民将来子孫」と記させた。茅の輪を腰に付けておけば災難から免れるとした。

そして、娘一人を残して命令に従わなかった家族は「皆悉《みなことごとく》く許呂志保呂保《ころしほろぼ》志《し》」と記述している。当時から「殺し滅ぼす」という言葉があったようだ。これはスサノオノミコトがヤマタノオロチを退治したあとの行動かもしれない。殺されたのは蛇信仰の民族だったのだろうか。

これがスサノオの姉であるアマテラスが岩戸に隠れた原因かもしれない。スサノオはまさに風雲児である。

▼「蘇民」とは いかなる民族であったのか

蘇民とはいかなる民族であったのか。「将」とは将軍として統率する者という意味だろう。きわめて重大であり、多くの研究者が挑んできたが、解明することはむずかしかった。日本の代表的な神様であるスサノオの正体を解明したかった。実は江戸時代に新井白石も歴史学的に解明の努力をしていた。「蘇塗《そと》というのは素戔嗚神が天下った新羅の曽尸茂梨《そともり》の処」と仮説を立てている（桑原武夫編『新井白石』）。『日本書紀』神代上第八段第五では、スサノオは新羅に天下ってソシモリにいついてから出雲にたどり着いたという解釈している。長井博氏は『牛頭天王と蘇民将来伝説の真相』で「蘇民とは新羅」だと推理している。文芸評論家の川村湊氏は『牛頭天王と蘇民将来伝説』で「牛飼いの集団と考えることもまた可能ではないか」と記している。蘇民将来信仰は八世紀には全国にひろまっていたらしい（最古の蘇民将来札が長岡京跡から出土している）。

蘇民とは、シルクロードの交易に従事したソグド人だと私は思う。彼らはイラン系民族であり、製鉄技術をもって世界中をかけめぐった。今日のイランに古代の巨大都市スーサがあるが、スサノオと無関係ではないだろう。さらに空想してメソポタミアのシュメール民族に先祖をイメージすることも可能かもしれない。「備後国風土記逸文」の記述は、蘇民将来という村人として解釈されている。現実的にそのような名前はありえない。蘇民将来は蘇民の将軍が来たと明快に判断するべきだ。

『古事記』や『日本書紀』によると、スサノオはアマテラスの弟であり、八岐大蛇を退治して三種の神器の一つである天叢雲剣（草薙剣）を手にしている。抜月神楽で茅の輪（フワルナ）を武器として扱うことや、蘇民将来伝説の解釈から考えて、スサノオの正体は鉄技術を伝えたイラン系ソグド人であると私は確信している。ご意見をいただけたら幸いである。

ちなみに蘇は古代においてチーズのことだ。『続日本記』の文武天皇四年十月に「使ヲ遣シ蘇ヲ造ラシム」とある。「これが日本に蘇（チーズ）が存在したことを証明する最古の記述」と記している。また、「醍醐味」とは奈良時代に中国から伝わったチーズ（醍醐）が語源である。（広野卓『古代日本のチーズ』）。

四国を回遊する

▼伊予の国、松山に到着

四国を回遊する旅に出た。小倉港を二十一時五十五分に出発するフェリーさんふらわあに乗り込む。松山港に未明の五時に到着。四国上陸をはたした。

六六〇年、百済が唐と新羅によって滅ぼされた。六六一年、斉明天皇は百済救援のため、大和の飛鳥から筑紫の朝倉宮に行幸。二万七千名の大軍を朝鮮半島に派遣したという。白村江の戦である。

行幸の途中、松山にも立ち寄り、そのとき詠んだ額田王の歌が『万葉集』に残されている。

熟田津に船乗りせむと月待てば
潮もかなひぬ今は漕ぎ出でな

熟田津は現在の松山市に比定されている。六六一年一月十四日に熟田津を出発して、三月二十五日に博多津に到着したようだ。彼女らの旅は私の旅と逆方向だが、ずいぶんとのんびりした日程である。現代の我々は一晩で到着するのだが。

〝彼女ら〟としたは斉明天皇も額田王も女性だからだ。斉明天皇は重祚《ちょうそ》しており、最初に即位したときには皇極《こうぎょく》天皇と呼ばれていた。叔父にあたる聖徳太子の息子の田村皇子（のちの舒明《じょめい》天皇）との間に大友皇子（天智天皇）と大海人皇子（天武天皇）などをもうけた。

もう一つ『万葉集』の歌を紹介する。

磯ごとに海夫の釣り船泊てにけり
我が船泊てむ磯の知らなく

「海夫」とは「海人」、「海女」で海を生活の基盤とした人たちのことである。大和の人々とは別の民族なのか。彼らが斉明天皇一行の船旅のエスコートもしていたのである。当時の港では、海人たちが海を拠点にした生活を行っていた。そ

瀬戸内海に浮かぶ小舟

の様子を見た旅人たちは旅情をそそり、感慨にふけったのであろう。海部、宗像、住吉などに拠点を持つ海人は朝廷側についたようだが、隼人、熊襲などは対立した。全国の海岸に住んでいたと思われる海人は多くいたはずだが、記録がなく、詳しいことはわかっていない。もしかしたら、倭人は雲南省東部の滇《てん》国あたりからの渡来した民族かもしれないと私は想定している。滇国には滇池という海のように大きな湖があり、彼らは日本と同じように漁撈や鵜飼していたらしい。（一〇五頁参照）。

さて、私は松山市に上陸してすぐに今治市へ向かい、瀬戸内海の大三島《おおみしま》へ渡った。かつてこの島は瀬戸内海の海上交通の要衝であった。昔は陸上ではなく海上が交通の動脈だった。

この島に鎮座する大山祇《おおやまつみ》神社へ向かう。同社は全国に鎮座する大山祇神社の総本社で、国宝を八件も収蔵している。立派な宝物館には源義経のものと伝えられるの鎧や刀などの重宝が、ところせましと並べられている。立派な刀ではあるが、ほとんどが刃こぼれしている。戦で相手を切り殺し、骨まで達したためだろう。今日では宝物として大事にされている。

写真は大山祇神社の大楠である。私は大山祇神社を山の神としか認識していなかった。神武天皇の東征に先駆けてオチノミコトがこの島に勧請したという（神社の説明）。大楠の説明文によると、二六〇〇年前、オチノミコトがお手植えしてオオヤマツミを祀ったという。二六〇〇年前というと縄文末期である。

オチノミコトの「オチ」は越智郡とか、越智氏として今日も残っている。伊予の豪族越智氏の祖は中国大陸南部山岳地帯にて存在していた「越」という国の人々かもしれないと私は思っている。戦乱に敗れて日本にやってきたのだろうか。渡来ルートも琉球をつたって南九州に上陸してきたのか、朝鮮半島を経由したのか、北陸の越前越後あたりからなのかよくわからないが、中国山地の奥出雲あたりに拠点を置いたようである。出雲の砂鉄伝説、ヤマタノオロチ伝説は、この越人と関係があるのかもしれない。

越人は越智氏となり、大和政権に追われて中国山地を離れ、ここ瀬戸内海の小さな島の大三島にたどり着いたのだ。山岳民族の流れをくむオチノミコトらが、この島でオオヤマツミを祀ったのである。そして彼らは元来、中国大陸山間部に住んでいた民族であったから、四国に上陸して山岳地域に住むようにもなったのだ。そして、彼らが所持していた、たたら製鉄の技術そのものを大和政権にのっとられたのだと、私は推理している。

山の神であるオオヤマツミも瀬戸内海の島に追いやられたということなのか。越智一族は古くから海上交通を管理していた海人であったという説もある。現在、愛媛県では越智という名字は四番目に多いらしい。

「越国」と「滇国」の関係は不明確だが、「越」は中国南方、江南の広大な地域に住む民族やその民族が建てた国の名称である。その種類が多いため「百越」とも呼ばれた。その中に「滇越国」という記述がある。

香川県の善通寺に立ち寄る。善通寺市

祖谷地方の高地性集落

大山祇神社にて。オチノミコトがお手植えしたと伝えられるクスの大木

は弘法大師の生誕の地だからだ。善通寺はお遍路さんの札所でもある。お守りをいただいたら、お寺の方が「ようお参りでした」と声をかけてくれた。

それから琴平町へ。有名な金刀比羅さんにお参りだ。ホテルにチェックインして荷物を預け、長い階段を登る。出店の多さが旅情をそそる。

へんこつ屋というすごい店があった。金刀比羅さんに来たら絶対に立ち寄ってほしい。建物は国の重要文化財に指定されているし、展示品がすごい。家主さんもかなりのへんこつである。酒呑童子《しゅてんどうじ》の物語の一部を描いたみごとな祭屋台の狭間《さま》彫刻《ちょうこく》が飾られていた。明治の彫刻家松本義廣の作とある。明治時代に入ると、小学校の教科書に酒呑童子の物語が取り上げられるようになる。軍国主義の時代となり、国民の戦意を鼓舞する目的であったと私は思う。

やはり香川県に来たら讃岐うどんを食べなくてはならない。がんばって三カ所でブッカケウドンを食べた。金刀比羅さんからの讃岐平野の眺めは感動的だった。

次に私は徳島県三好市祖谷《いや》地方に入った。写真は落合集落である。落合とは越智族の集落であったと推測している。写真ではわからないかもしれないが、まさに雲の上。山の上に家々がある。彼らはなぜこのようなところに住んでいるのか。専門用語では高地性集落といわれている。

祖谷地方は平家落人伝説の里としても有名だ。源氏に追われた平氏は、都を捨てて西へ逃亡する。そして平氏は屋島の合戦でも敗れた。そのとき、平国盛《たいらのくにもり》らは安徳天皇を伴ってこの地に落ち延びたという伝説が残っている。祖谷地方の伝説によると、安徳天皇はこの地にある栗枝渡八幡神社で遊んでいたという。そして、高熱が原因でわずか八歳で他界し、荼毘《だび》に付したそうだ。

六地蔵峠には「六地蔵尊」が祀られている。平家が祖谷に落ち延びるときに道案内してもらった地元の住民六名がいた。平家落人たちは、自分たちの居場所が源氏にばれないように六名をみな殺しにしたそうだ。平家の残党はその後、祟りを恐れてここに地蔵を建てて祀ったのだ。

六地蔵峠にある六地蔵尊

全国的にある六地蔵は六道輪廻からの解放を願ってつくられたものでもあった。

私は六地蔵峠近くで自然農法をしているNさん一家と話し込んだ。淡路島から通って高原野菜を生産されている。Nさんの話だと六地蔵近くの奥村地区の人たちは今でも京都言葉なのだそうだ。

さて、平家の落人たちは先住の人たちと、どのような関係だったのか。とても慕われたという伝承も残っているが、実際には、落人たちのほとんどが数十年の内に滅んだのが現実のようだ。京の都で優雅な生活をしていた者が、こんな山奥の地で自給生活ができるはずがない。平家の子孫ではない人が家に入り込み、勝手に平家の子孫を名乗ることもありうる。

祖谷の人たちから心から尊敬を集める人に恵伊羅御子《えいらのみこ》がいる。八〇〇年頃、風雲の如くやって来て祖谷地方を開墾し、住民に肉食をやめてソバなどの粗食の生き方を教えたという。

祖谷渓谷の深い谷はすばらしい。遊覧船も出ていて、私は乗船した。水面から岩肌をながめるのもよかった。大歩危《おおぼけ》にある道の駅大歩危（ラピス大歩危）には妖怪屋敷や岩石博物館などがあり楽しかった。

▼土佐の高知へ

高知の印象はアイドルのような可愛い女の子が多かったことである。本当だ。後日インターネットで検索したら多くの人が同感していた。

今もって路面電車が走っている。すごく温かみを感じる町だ。しかし、訪れた日は北風が吹いて寒かった。高知の方言では「ひやいねぇ」、「おぉひゃっ」。

高知城の外苑では露天で将棋を打っているおじさんたちがいる。露天で野菜を売っている屋台も多い。「土佐の高知のハリマヤ橋」というから行ってみたら、ちっぽけな橋だった。

さて、高知市に立ち寄ったなら坂本龍馬の像がある桂浜へ行かなくてはならない。彼は近代日本の構築に大きな影響を与えた人物であり、彼なくして明治維新は語れない。記念館に必ず寄ってほしい。すくなくとも半日かけて見学するべきだと思う。館内の上映ビデオなどで明治維新全体の解説もしていた。

▼四国山地南麓を東から西へ

私は四国山地の南麓を東から西へ進ん

足摺岬にある縄文灯台と呼ばれる巨石群

桂浜にある坂本龍馬の像

だ。途中の山々にも家々が点在する。いったい彼らは何者なのか。福岡ではありえない光景である。いったいなぜあのような山上で生活するのか。

　地元の方と話し込んでいたら秋葉神社へ行くこと勧められた。私は案内板にしたがって進む。しかし、いつまでたってもたどり着かない。そしてとうとう、山の頂上に至った。そこに神社があった。山の中腹ではなく、頂上にあるのである。彼らはどうしてそこまで山の上にこだわるのだろうか。私が今回の旅で最も印象的だったことだ。立派な神社でみごとな欄間彫刻がある。毎年、二月一日に大きな祭があり、この地方出身者が全国から帰省するのだそうだ。

　立派な由緒書があった。祭神はイザナミノミコトとホノカグツチという組み合わせである。地域の人たちは大切に祀り、結束して生活してこられたのだろう。しかし、もしかしたら本当の祭神が別にあるのかもしれない。

▼足摺岬へ向かう

足摺岬《あしずりみさき》は辺鄙《へんぴ》なところかと思っていたが、お遍路さんが多くてにぎやかだった。海外からのお遍路さんも多く、びっくりした。炎天下を歩いていて、熱中症で倒れなければいいのだが。

　足摺岬の近くに縄文灯台と呼ばれる縄文遺跡のようなものがある。野球場ぐらいの広さの村の遺構で、周辺は害獣よけの石垣がほどこされており、その石垣の一部が現存している。

　ここで発見された祭祀の道具は東北地方の縄文遺跡のものと同様であり、おそらく海を通して交易していたのだろう。そのための灯台だという。

　ストーンサークルは東北より北に見られる固有のものとされていたが、最近では、九州やここ足摺でもいくつか確認されている。ストーンサークルが南から北へ伝播した可能性を考慮すると（十八頁参照）、アイヌ民族が南方からの渡来人だという説の信憑性が高まってくる。「別府」、「脊振《せぶり》」などもアイヌ語だとい

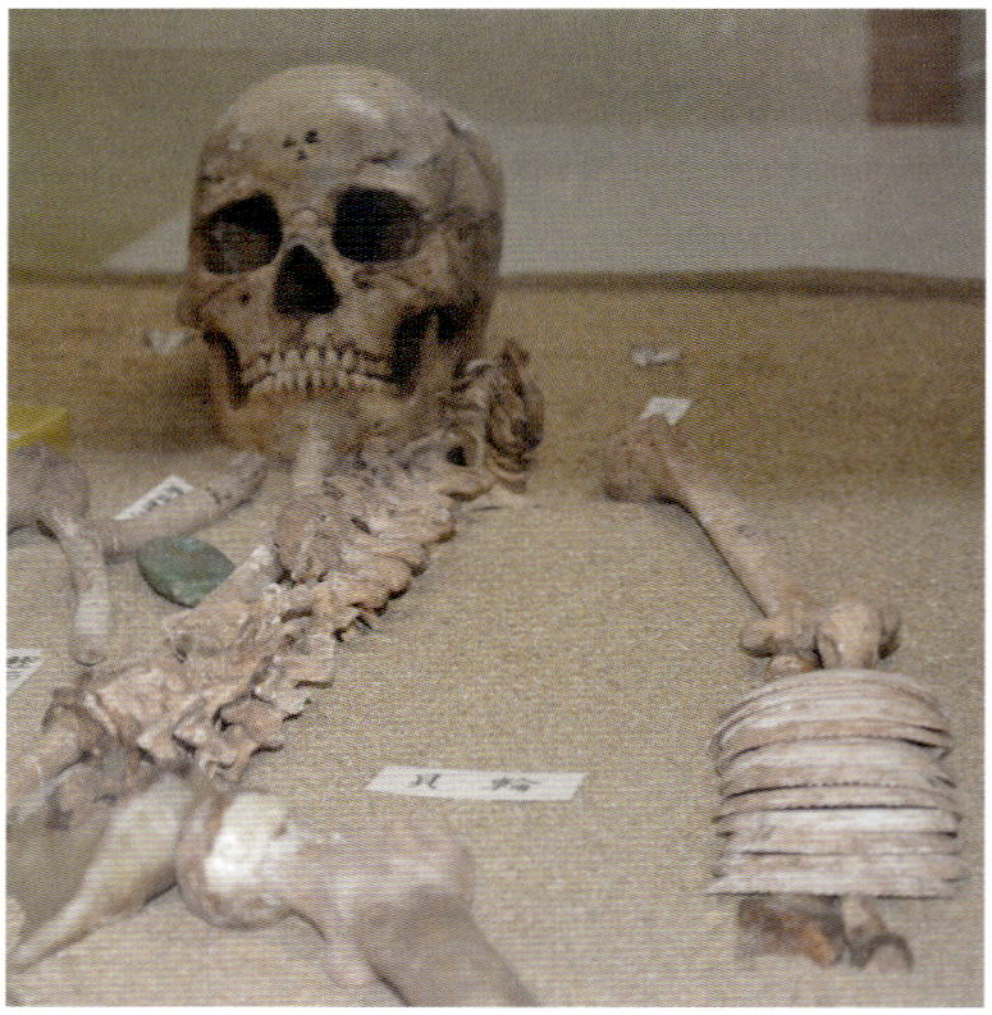

山鹿貝塚出土人骨２号、３号、４号
（芦屋町歴史民俗資料館提供）

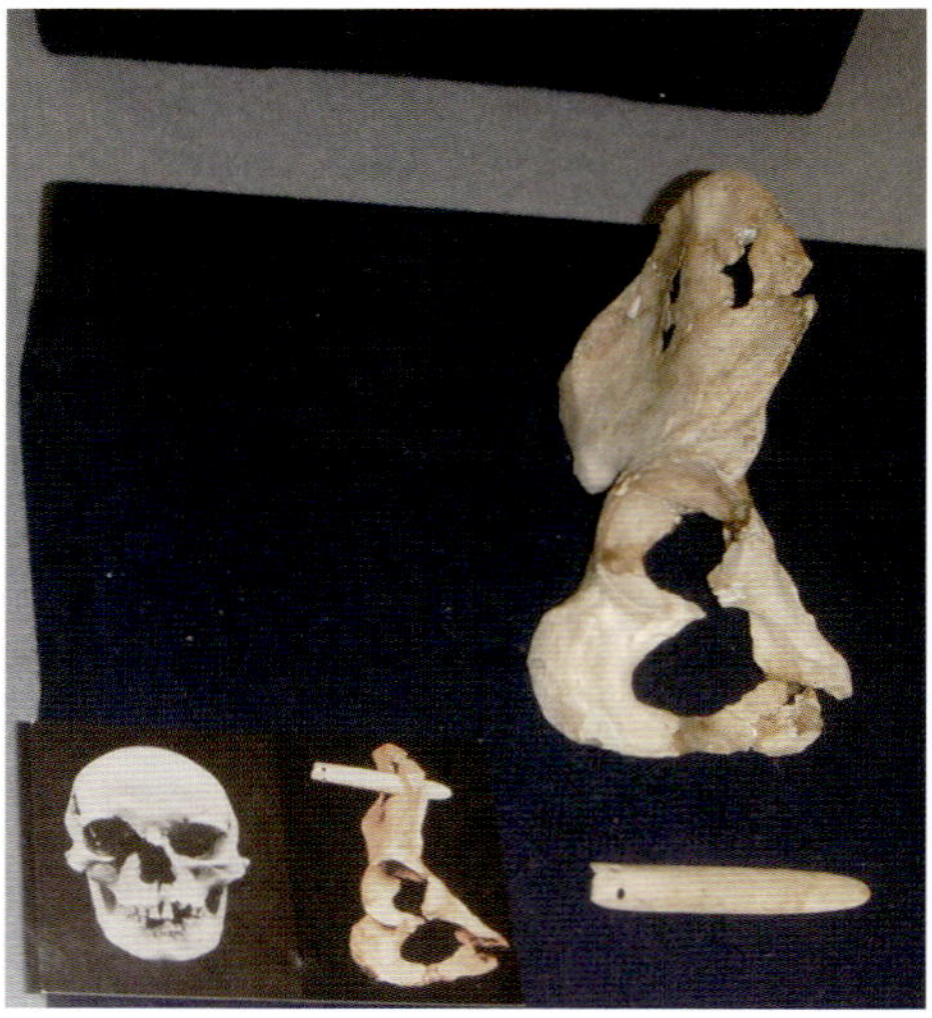

受傷人骨（1969年８月４次調査にて発見）。ヘラ状骨器が突き刺さった状態で発見された女性の右寛骨。故意の殺傷ではなく、霊が迷奔するのを防ぐための死後の処理だと解釈されている（『国立歴史博物館研究報告154集　上黒岩遺跡の研究』）。しかし私は巫女が占いに失敗して責任をとらされて殺害されたとも想像している（上黒岩岩陰遺跡考古館提供）

う説もある。馬具である鐙《あぶみ》は「あぶくむ」というアイヌ語の「歩く」から来ているのではないかと私は想像している。

沖縄に行ったときにアイヌそっくりの方をよく見かける。遺伝子的にも類似しているのだそうだ。とても同じ日本人とは思えない、ヨーロッパ人と見紛うような外見のアイヌ人など、さまざまな顔立ちの人がいることから、アイヌ人はモンゴロイドではなくて、南アジアのインダス文明の継承者ではないかとさえ想像している。東南アジアを経由して海流に乗って沖縄、上野原、足摺、そして北海道へと渡っていったのではないだろうか。伊藤義教氏の『アヴェスター』（『ベーダ・アヴェスター』）によると、イラン、インドあたりの先住民族の神であるダエーワは、アイヌ民族のイオマンテ（育てた小熊を屠殺し、その魂を神の国に送り返す儀礼）と同様に「特殊な儀礼をもって牛を屠殺供犠する」とある。

▼上黒岩遺跡へ

私は愛媛県久万高原町に入り、最初に国指定史跡の上黒岩岩陰遺跡に向かった。一九六一年、地元の中学生が発見した。今から一万四千～五千年前の縄文草創期から後期までの複合遺跡でさまざまな遺物が発掘されている。女性の姿を刻んだ線刻画のある五センチほどの礫石が十三個発掘されて有名になった。乳房と腰蓑も明確に確認できる。腰に二本の横線と下に多数の縦線が刻まれていて、のれんのようなもので下半身を隠しているだけのようだ。この格好は南方人々をイメージさせる。当時の日本人の服装と日常生活が想像できてうれしかった。

この遺跡で最も関心が高かったのは鹿の角の槍先が刺さったまま埋葬された人骨である。これは以前、戦いで刺された男のものであろうと判断されていた。しかし最近の検査の結果、女性であることが判明した。なぜ刺し殺されたのか。丁寧に埋葬されていたことが重要である。この女性は巫女だったのか。占いに失敗

五段高原に秘めやかに咲くヒメユリの花

五段高原のカルスト台地

して責任をとらされたのか。病気だったので安楽死させたのか。アフリカのマサイ族には雨乞いなどを行うライボンという占い師がいるそうだ。彼女は雨を降らせることができなければ殺されるそうだ（神戸俊平『サバンナの話をしよう』）。

福岡県芦屋町の歴史資料館が収蔵している四千年前のシャーマンと思われる女性の遺骨はインパクトがある。多くのベンケイガイらしい貝輪やヒスイではない青緑色の宝石が注目される。腕に付けられたたくさんの貝輪は、結婚などの祝賀のときに多くの人たちからプレゼントされたものではないかと私は想像している。資料館の説明では、青緑色の宝石の素材は不明とのこと。私はアフガニスタンのラピスラズリ、または孔雀石ではないかと想像している。芦屋の出土品と上黒岩遺跡のものを比較してみたい。上黒岩と同様に、骨に損傷がある。

上黒岩岩陰遺跡では人骨や土器、アクセサリーも発見されている。発掘されたイノシシのキバのアクセサリーは、私がパプアニューギニアで見たものと同様である。貝殻や鹿の骨などでできた遺物もたくさん展示してあった。発掘された人骨は十二体で、虫歯が確認されたものもある。そして動物のキバのように歯の磨耗がはげしく、歯を道具として使っていたといわれている。上黒岩岩陰遺跡をはじめとして穴神洞遺跡、十川駄場崎遺跡など四国の山間部には多くの縄文早期の遺跡が確認されている。

▼五段高原へ

次に五段高原のカルスト台地に向かった。二億五千年前、太平洋上に浮かんでいたサンゴ礁の島が、プレートの移動によって日本列島にぶつかり、乗り上げてできたもので、付加帯というのだそうだ。

多くのカルスト台地では、浅瀬のサンゴ礁にいたフズリナなどの化石が容易に発見される。しかし、福岡県北九州市平尾台のカルスト台地からはほとんど発見されない。平尾台も同様に、南太平洋の島が移動してきたのだが、日本列島にぶつかったときに地上に乗り上げずに、地

宇和島の闘牛

宇和島牛鬼祭りの牛鬼

下に潜ってしまって、高圧によって変成岩となった。そして、のちに地殻変動によって地上に露出したため、フズリナの化石はほとんど発見されない。

　香春岳《かわらだけ》は平尾台の一部だったが、断層があったため、分離・移動して香春岳になった。チョモランマも古生代には赤道周辺にあった島が移動してできたため、頂上付近で「ウミユリ」などの化石が発見されている。平尾台の学習館にチョモランマの化石が展示してあった。

　前頁の写真は、五段高原のカルスト台地とハイカンソウの群落。そして大移動する蝶のアサギマダラが乱舞していた。カキランはまだつぼみだった。ササユリは満開。そしてカルスト草原の主役である可憐なヒメユリも咲いていた。ヒメユリは沖縄の「ひめゆりの塔」で有名だが、とても可憐な花で五段高原のシンボルともいえるだろう。

▼宇和島へ

四国を代表する祭の一つ、和霊大祭・うわじま牛鬼まつりを見学した。上の写真のような巨大な牛鬼が町中を闊歩《かっぽ》するのだ。夜は御輿が町中を練り歩き、海に出て船に乗せ、別のところから一旦陸揚げする。次に須賀川に入り、肩までつかって和霊神社に向かい、奉納する。この祭りの進行は、沖縄県西表島の豊年祭と類似する（七九頁参照）。両者に共通性があることを、いかに判断すればいいのだろうか。また宇和島を訪れたなら、名物の闘牛もぜひ見てほしい。

　私は松山市内に戻り「伊丹十三記念館」に立ち寄る。伊丹十三を一言で評するなら「自分に嘘をつけなたった人」かもしれない。「マルサの女」（一九八七年）の中で津川雅彦が演じたセリフが印象的だ。「年寄りには二種類あるんだ。いつまでも生きていたい年寄りと、いつ死んでもいいと思っている年寄りだ」。

　帰りも松山からフェリーに乗って小倉へ。車で自宅へ向かっているとスピード違反で警察に捕まってしまった。少し気がゆるんでいたのかもしれない。

九州の歴史と文化を訪ねる

大分豊後路を散歩

▼海の道と古代の大分

大分の名前の由来は、景行天皇の時代、すでに多くの水田が開けていて、「多い田」が転じて「大分」になったのだそうだ。豊後という地名はかつて豊国だったが豊前と豊後に分断された。吉備国が備前、備中、備後に、筑紫国が筑前、筑後に分けられたのと同じだ。国東という地名は『豊後国風土記』によると景行天皇が「国先」と名づけたことに由来する。

大分県に前方後円墳が出現するのは三世紀末頃、宇佐市の赤塚古墳が最初とされている。私は県下最大級の大分市の亀塚古墳を訪ねた。五世紀初頭のもので全長一一六メートルある。

一九九八年一月三十一日の朝日新聞に、この亀塚古墳から発見された船の線刻画が描かれた円筒埴輪が紹介されていた。私はそれを見て感動し、いつか訪れたいと思っていた。この古墳の民族が南方から船で渡ってきたことを伝えるタイムカプセルだと直感したからだ。

専門家は被葬者を来世へ運ぶ船だとも解釈している。古墳に隣接する海部古墳資料館の展示には、その線刻画のほかにスイジガイが描かれた円筒埴輪も展示されていた。スイジガイは南方でしか発見されない。彼らは南方からやってきた人々であっただろう。日本列島の太平洋側には黒潮という大きな暖流が東南アジア方面から流れている。豊後水道を通って、瀬戸内海へ向けて南方からもいろいろな民族がやってきただろう。そしてさまざまな技術や文化を日本に伝えたのだろう。

二〇一六年七月、国立科学博物館の研究チームが三万年ほど前に人類が沖縄に渡ってきた方法の実験を試みた。与那国島から西表島への航海実験を行ったが、かなり大変だったようだ。しかし、私の推理としては、沖縄の島伝いに渡ったのではなくて台湾やフイリピンあたりから一気に黒潮に乗って北上し、途中で方向転換して沖縄の島々や日本列島にたどり着いたのだと思う。

宗像市の光岡長尾遺跡（断面がV字型の環溝で囲まれた集落遺跡）から土笛（陶塤《とうけん》）が発見されている。この類の土笛は宗像市、福津市から下関、出雲、若狭あたりで発見されており、一つの文化圏があったといわれている。島根県松江市で多く発掘されており、文化圏の中心地であったと思われる。また、沿岸地域

西都原古墳群出土の舟形埴輪のレプリカ。準構造船（5世紀以降）であり、日本国内の海の道を自由に航行していた。南方から渡来したときも、朝鮮半島に渡航したときも利用していたかもしれない（西都原考古博物館提供）

亀塚古墳の船の線刻（大分市提供）

光岡永尾遺跡出土の土笛（宗像市提供）

で発見されているので、海洋を自由に航行する民族であったと思われる。弥生時代前期のものであり、農耕祭祀のためのものとする説や楽器であったとする説がある。

▼岩戸寺の修正鬼会へ

大分県国東半島の岩戸寺で、二〇一〇年二月五日の夜に行われた修正《しゅじょう》鬼会《おにえ》を見学した。千年以上も続いている伝統行事で、修正会という一月に行われる法会と鬼会（節分）が習合したものらしい。岩戸寺は、七一八年に仁聞によって開基された伝えられる古刹である。仁王像、薬師如来像、国東塔など貴重な文化財が伝えられている。国東塔とは国東半島で多く見られる宝塔の一形態で、一五〇基ほどが現存している。

　祭は、鬼役と地元の成年男子から公募されたタイレシ（松明火入れ衆）たちが水場に入り、禊《みそぎ》をすることからはじまる。そして本堂で寺の主である院主と「鬼たち」が互いに杯を交わし、祭の無事を祈る。その後、参道で大松明に火がつけられ、タレイシが担いで参道を上り、六所権現と薬師堂に献灯する。本堂での儀式を終えると、寺の奥にある茅葺屋根のみごとな講堂で、国家安泰などを祈る勤行《ごんぎょう》が行われる。香水棒《こうずいぼう》（二一頁に写真）を持ち、下駄で床を踏み鳴らしながら舞ったり、男女の鬼に扮した僧が踊るなど、通常の法要では見ることのできない独特な行《ぎょう》が執り行われる。

　そして、希望者は講堂に集められ、鬼に火のついた松明で頭や背中などをたたいてもらう。鬼にたたかれると一年間、無病息災だそうだ。これも「加持祈禱」らしい。その後、鬼たちは集落をまわる。深夜に寺に戻った鬼たちは「鬼鎮めの餅」をくわえさせられ、魂を抜かれたあとに山に帰っていく。「鬼はようー来世はようー」と叫びながら進む。ここでの鬼は先祖の霊の化身で、良い鬼ということになっている。そのため、鬼の面には角がないの特長だ。

　国東には、五輪塔群と鬼にまつわる伝説がある。

　昔、鬼が人間に生まれ変わりたくて権現様と約束し、一夜にして千の塔を寄進することにした。鬼は伊美権現崎より石を運び、あと一塔というときに一番鶏が鳴き、夜明けが告げられる。ついに千塔を献じえずに鬼は鬼のまま山深く隠れ退いた。

　全国的各地に類似する鬼伝説が伝承されている。鬼の正体は山奥に追いやられた別の民族なのか。（三二頁参照）

　同じ国東にある成仏寺の鬼会を訪れたのは一九九八年だった。拙著『ちょっと旅に出て』で詳しく紹介している。ここでは鬼を神様として扱っていて、岩戸寺の考えとは異なり、祭のラストのセリフは「鬼様は山へ帰られた」であった。

　二〇一一年三月六日に豊前市内にある小さな厳島神社にも出かけた。ここで執り行われる百手祭という伝統行事を見学するためだ。

　豊前市内の鬼木という集落に「鬼木の大楠」と呼ばれる楠の大木がある。

　昔、ここで山から降りてきた鬼を村人がつかまえて袋叩きにして殺したという。おそらく、隼人族の末裔《まつえい》であろうか。そのつかまえた鬼の腿と手をばらばらにして埋めたときの二つの石塔が、豊前厳島神社にあるのだ。ここに祀られている神様を地元の人は明神様と呼んでいる。その鬼のたたりを恐れて、百手祭は今日まで伝わっている。

　このような伝統行事も全国あり、その由来も類似している。写真は神官が鬼と書かれた的を弓で射抜いている様子。鬼に対する供養ではなく、恐れから隠してしまうのである。この神事は女人禁制であり、料理も男性がつくる。神事の最中、男たちはユズリハの葉をくわえ、一切しゃべってはいけない。ここで登場する鬼は神、鬼神である。

　江戸時代の国学者である本居宣長は『古事記伝』で「（前略）優れたるのみを云に非ず、悪きもの奇しきものなども、よにすぐれて可畏きをば、神と云なり」と語っている。つまり、神威が優れているものだけではなく、恐ろしいもの、不

豊前厳島神社にて。「鬼」と書かれた的を射る

豊前厳島神社の石塔

豊前の鬼の木。悪さをした鬼がこの大楠にとりすがり、涙を流して泣いた。それ以来この大楠には奇瘤ができるようになったという

思議なものも含めて、普通ではなく恐れ多いものを神として崇めてきたとしている。その中でも特に、日本人の信仰の多くは、死者の魂がもたらす災いを恐れ、これを鎮魂して平安を回復しようとする「御霊信仰（怨霊鎮魂信仰）」である。オオクニヌシ信仰もアマテラス信仰も大神神社も大山祇神社も阿蘇神社の鬼も御霊信仰であり、世界的にも個性的なものらしい。つまり、征服者が征服されたものを神として祀《まつ》るのである。

　神社の大木に「蛇縄」を巻く神事も蛇神を封印するための「怨霊鎮送」の儀式でもある（山の神の霊威を祀るとも考えられる）。昔、蛇切縄という切断した縄を山の上の池に放つ神事があった（山口県錦町）。

　二〇一二年一月二十日、私は宮島の厳島神社の百手祭も見学した。的の裏に「甲、乙、ム」の三文字を組み合わせて鬼という漢字に似せたものを記す。そして、その的を神官の方が弓で射抜くのである。この神社の百手祭の伝承は豊前の百手祭とは全く異なったものである。

▼「廃仏毀釈」に関して

　廃仏《はいぶつ》毀釈《きしゃく》とは、明治維新後に交付された神仏分判然により起った、仏教排斥運動のことである。かつて、私の中学校の社会の先生が廃仏毀釈の言葉だけは絶対に覚えておけといった。私にとって恩師といえるのはその人だけである。廃仏毀釈に関して、私の著書の中で語るのは多少おこがましい。安丸良夫氏の『神々の明治維新』という書物を参考にしてほし

求菩提山の廃仏毀釈の痕跡

奈良県の山辺の道にある廃仏毀釈の像。
顔が削られ、首から割られている

い。この書物に集約されている。

排斥され、影響力を弱める仏教界から、近代日本の礎となる重要な提言がなされている。西本願寺の島地黙雷《しまじもくらい》らが一八七一年に教部省設立の提言を政府にしたのだ。教部省とは今日の文部科学省、教育委員会である。彼は「愚民を教育、管理するのは仏教界しかない」と明言したのである。明治政府は彼の提言を受け入れたのである。日本の近代教育は、仏教界からの提案によってスタートしたのだ。動乱の時代に島地黙雷は、一八七一年からの岩倉具視使節団にも同行してヨーロッパを視察している。西欧帝国主義国家の現実を直に触れていたのである。

阿蘇神社の火振り神事

二〇一三年三月十九日、阿蘇神社の火振り神事を見学した。阿蘇神社の楼門は高さ一七メートルほどあり、福岡市の箱崎八幡宮とともに日本三大楼門の一つに数えられている。

楼門とはなにか。そもそも門とはなにか。きわめて重要な境界であって、神聖なる本殿に鬼が入り込まないようにするためのものである。

江戸時代、村の境界には猿田彦などの石像を立てて外界と遮り、災いをもたらすものが入り込まないことを願った。神社も同様である。神聖なる神の住む本殿に鬼が入り込んではならないのである。私はこの楼門の前に立ったとき、本殿よりも立派だとに感じた。

さて、熊本県の阿蘇と宮崎県の高千穂には鬼八という鬼の伝説が伝わっている。

阿蘇神社の祭神タケイワタツノミコトは毎日欠かさず弓の稽古を行っていた。お供を命じられるのは家来の中で最も足が速い鬼八。ミコトが放った矢を走って取ってくるのが役目だ。しかし、何度も矢を取りに行かせるミコトに不満が生まれ、的に刺さった矢を足の指に挟んで投げ返したところ、運悪くミコトの足に刺さってしまった。怒ったミコトは鬼八を討ち取り、体をいくつにも分けて埋めて

阿蘇神社の楼門

しまった。そのため、鬼八を埋めたという「鬼塚」という地名が各地に残っている。倒された鬼八は、斬られた傷が痛むたびに恨みの霜を降らせるようになった。そこでミコトは役犬原《やくいんばる》に霜の宮という社を建て、鬼八の霊を慰めた。

　阿蘇地方では、多くの農家が早霜や大風の被害を受けており、民衆は鬼八様の祟りだと恐れた。人々の不安を取り除くため、祭がはじめられる。それが阿蘇神社の火振り神事である。

　タケイワタツノミコトは神武天皇の第三子である。タケイワタツノミコトが阿蘇地方に進出して、もともと棲んでいた鬼である「鬼八」を退治し、自らの家来に取り込んだのだろう。

　ミコトが退治したのは大蛇だという伝説もある。大蛇とは先住民が恐れ、神として祀ったものの象徴だろう。朝鮮出兵のときに加藤清正が行ったというトラ退治の話と似た構造かもしれない。先住民が恐れ崇めるものを退治することで、支配するのである。阿蘇神社から南側の南阿蘇村に白蛇神社がある。そこには実際に白蛇がいて一般に見ることができる。

　鬼八伝説は微妙に変化し、さまざまな物語が各地に残っている。高千穂では、鬼八が豪族の首領として語られている。ただ私は、鬼八が阿蘇の先住民の頭目であったと想像している。阿蘇神社の神になったタケイワタツノミコトに退治されたあとに、鬼や大蛇として表現されたのだろう。

　鬼八伝説は南九州では多く残っている。写真は以前に潮嶽《うしおだけ》神社で見たイノシシの頭十六体。鬼八という鬼に十六歳の娘を人身御供に差し出だなくてはならなかった。それではかわいそうなので「しし十六」ということで十六体のイノシシを鬼神に捧げたのである。

　ところで、出雲大社はかつて日本最大の建築物であったことが発掘された柱跡などから推定されている。出雲大社で祀られているオオクニヌシノミコトは、天皇家の先祖であるアマテラスオオミカミの使者であるタケミカヅチによって征服された。征服された神を祀っている神社が日本最大であったことは御霊信仰であったことを示しており、興味深い。

　アマテラスがオオクニヌシに対して、出雲を含む豊葦原中津国の国譲りを迫ったとき、使者として武将のタケミカヅチが向かった。出雲の稲佐浜に降りたったときに浜で剣を立てて、とがったその上にあぐらをかいていたというのは有名な日本神話である。

　しかし、それはとんでもない誤解であ

稲佐浜。古代神話のふるさと

日南市の潮嶽神社に献上されたイノシシの頭。神社でよく見られる「獻」の字は「献」の旧字

る。タケミカヅチは稲佐の砂浜に逆さに突き刺した剣を前にして、座り込んであぐらを組んだのである。この記述を『古事記』の原文から検証した。『古事記』の漢文にて記された原文はただ「剣前」となっている。そして『古事記』のその注釈においては「剣前《けんさき》に座り込んだ」となっている。つまり「前」という漢字が「まえ」ではなく「さき」に訓んでしまったのだ。これは大変な間違いである。つまり、昔から漢文で書かれた『古事記』の原文を注釈した人が理解、解釈できず、曖昧な解釈を代々してきたのだ。『日本書紀』では「その鋒先にあぐらをかいた」となっている。つまり剣の先にあぐらをかいたということになっている。それは『日本書紀』を編纂した人物が『古事記』の原文を参照したであろうが、その記述を理解できずに曖昧にしたのだと私は推測している。間違いないと思う。

鹿児島回遊

▼桜島の轟音

二〇一二年二月に鹿児島へ三日間の旅に出た。鹿児島のシンボルといえば桜島であろう。常に噴煙をあげており、道路からでもゴーゴーという、音が聞こえる。観光で桜島に行くなら、この轟音《ごうおん》を聞くべきだ。この轟音を聞かずして鹿児島に来たとはいえないと思う（車で裏にまわらないと聞こえない）。

私は溶岩道路を散策したり、溶岩による埋没鳥居なども見学した。

鹿児島の古代史といえば隼人だろう。隼人族とはいったい何なのだろう。私は南方から渡来した海人族だろうと考えている。国分市周辺がかつての隼人族の拠点だったのではないだろうか。実際に現地の資料館で学習するのが確実である。私は二〇一〇年にも隼人族の歴史を調査している。隼人族は七〇〇年頃に数度に

鹿児島で出会った『タノカンサ』たち

国分町の仙台地区にある、なんともいえないやさしい顔立ちのタノカンサ

加治木町の新中公民館近くにあるタノカンサ。厚化粧して年老いたタノカンサだ

大崎町田中にある親子のタノカンサ。綺麗に花が生けられている。実に和やかで日本の原風景ナンバーワンだと思う。赤い色は山伏が製造したベンガラ

姶良市の木津志にあるタノカンサ。実におおらかで田植え仕事を終えた後でくつろいでいる姿だとボランティアガイドの方は表現していた。空を見上げ、広い世界を見ている。これも素晴らしい

わたって朝廷側と戦い、そして敗れた。その悲劇を供養したものの一つが「放生会」である。

宇佐神宮の放生会は、ビナの稚貝を殺された隼人族に見立てて、稚貝を岩場に撒く祭礼で、その命の弔う。筥崎宮や石清水八幡宮などでも放生会は盛大に行われる。

大和朝廷と隼人族の壮大な戦争が、いったい何の目的であったのかも闇のままである。私の単純で直感的な推理がある。稲作、農耕によって過剰な食料ができたことと、鉄による戦いの道具ができてしまったからだと思う。

▼田の神を訪ね歩く

私にとって二〇一二年、鹿児島旅行の主な目的は田の神である「**タノカンサ**」を訪ね歩くことだった。タノカンサとは鹿児島と宮崎の南部に残っている田の神の石像である。十八世紀から十九世紀にかけて盛んにつくられた。実に個性的なものが多く、芸術的であったり、政治的

大隅町の須田木にあるタノカンサ。歯を食いしばって夏の暑さ、仕事のきつさに耐えている

姶良市にある触田のタノカンサ。年季の入った顔だちで有名

姶良市黒葛野にあるタノカンサ。私が見た中で最も美男子である。ガイドさん曰く「よかにせどん」鹿児島弁で美男子のことだそうだ。ちなみに美女のことは「よかおごじょ」という。近くの小川でメダカを多く見かけた

加治木町の日木山里にあるタノカンサ。田の神のとして全国に貸し出されて有名。稲作が不作であると「神さまである私に責任があります」と言っているかのように頭を下げている。農民は「まあいい、今年だけは許してやろうか」と捨て台詞をいう

であったり、悲劇的であったり、喜劇的であったりする。

これほどバリエーションの豊富な石像は全国的にも珍しいと思う。一体なぜこのような石像が鹿児島でつくられたのだろうか。

石材は、凝灰岩という火山灰が固まったものである。硬い玄武岩でつくられたものもあった。一七一六年の新燃岳の噴火により田畑が耕作不能になったことで、食料不足の不安から神様の偶像をつくることによって精神的不安を解消したのかもしれない。

この笑顔はいったい何?
バチがあたらない神様とは?

タノカンサは祟らない神様であり、不作のときには責任をとらされて泥をかけられたらしい。島津藩は藩財政を立て直すために、農民たちは厳しく搾取され、飲食制限もさせられていた。さらに、江戸時代の島津藩で浄土真宗に対するはげしい弾圧があったこととも関係しているだろう。タノカンサを祀るときだけは堂々と飲酒ができたらしい。サツマイモの

豊前大平山のお田植え祭

安楽神社の春祭りにて。田の神様

伝来によって食生活に余裕ができたことも関係しているだろう。

「庚申信仰《こうしんしんこう》」との関係。十八世紀には庚申供養のために田の神像がつくられたものもある。凶作だった村が豊作の村のタノカンサを借りる「田の神おっとり」という風習があった。

石像をどのような人がつくったのか。今西祐行氏の『肥後の石工』によると、基本的に地域の名もない石工であることが多いそうだ。

タノカンサは鹿児島県民性なのか、何事にもこだわらない大らかな気心なのだろうか。

全国の過疎化は深刻である。二〇四〇年までに八九六の自治体が消滅するともいわれている。鹿児島の山間部においても同様で、若い世代はほとんどおらず、お年寄りが寝たきり老人を介護してひっそりと暮らしている。山間部の水田は荒れはてている。タノカンサだけがすみっこでたたずんでいるが印象的だった。

▼三日目は志布志地区に入る

鹿児島県の太平洋側にある志布志市はかつて琉球、中国の明との貿易港として栄えた町だ。志布志城に居城した島津氏久は一三七四年に明国に使者を送っている。幕末には密貿易も行われていた。現在も武家屋敷、豪商の倉庫、貿易船の積荷を取り締まる番所などが残跡している。

鹿児島の縄文文化は霧島市の上野原遺跡が有名だ。志布志地区には中原遺跡がある。瀬戸内などで製造された土器が多数出土していることが興味深い。

私が今回の旅で志布志市にも訪れた目的は山宮神社、安楽神社の春祭であった。この祭で「田の神舞」が披露されるからである。しかし、今年は残念ながら舞いを披露する田の神様がぐてんぐてんに酔っ払っていて、観衆の若い娘さんに詰め寄ったりして、はちゃめちゃだった。今年の稲が不作にならなければいいが。逆に大豊作だったりして……。

南の島をめぐる

「もののけ姫」のすむ屋久島

屋久島へ出かけた。意外とアクセスがよく、屋久島を夕方四時二十分発の高速船に乗れば、その日のうちに福岡の自宅に戻ることができる。小説家の林芙美子は屋久島を「月に三十五日も雨が降る」と表現した。天候を予測することが屋久島への旅のキーポイントである。

五月頃は新緑がきれいでお勧めだ。旅の日程は天気予報を見て二、三日前に決めるべきだ。実際に森をトレッキングするときに、沢を横断しなければならない場所がある。好天なら問題ないが、雨で増水していたら危険だからだ。鉄砲水と呼ばれていて、平地で雨が降らなくても、上流で降った場合に、下流で急激に増水する場合もある。「弥生杉コース」は大自然の醍醐味を感じることができた。

屋久島は宮崎駿監督がアニメ「もののけ姫」の製作にあたって参考にした舞台である。私は主人公に出会えるかと期待していたが……。出会えたのは元気なトレッキングの年配の方ばかりだった。

海中温泉もお勧めだ。海岸の岩場にある露天の温泉であって大海原を見渡せる。潮の関係で時間帯が限られるのでチェックが必要である。

森のパワーに圧倒される

もののけ姫のすむ森

白谷雲水峡にある弥生杉。樹齢およそ3000年。胸高周囲8．1m

西表島の浜辺。浜辺をさまよえば昔のことを想う

西表島紀行

▼シロハラクイナが迎えてくれる

二〇一一年七月、私は西表島に渡った。福岡空港から沖縄県石垣島への直行便がある。そこからフェリーに乗り込み、五十分ほどで到着する。島に到着すると港に若者たちがたむろしているのを見かけた。彼らの中に、北海道最北の宗谷岬がプリントされたTシャツを着ている人がいたのがおもしろかった。

周囲一三〇キロ、ほとんどが亜熱帯のジャングルである。沖縄を旅するなら夏がいい。九州などと異なり、湿度が低くてカラッとしている。沖縄の透き通った海と空を体感できる。

到着すると荷物を民宿に預けて、レンタルバイク屋に向かう。島を走るならレンタルバイクも快適だ。風を受けて走るのが心地いい。定期バスもあり、途中下車、途中乗車もできる。

西表島の野鳥で最初に紹介したいのがシロハラクイナである。道端で休んでいると、ヒョコヒョコと出てくる。私がちょっと近づくと、ちょっと逃げる。さらに近づくと、草むらに逃げ込んでしまう。とても愛嬌がある。

ヤンバルクイナは国の天然記念物のため大切に扱われているが、シロハラクイナはとても身近に感じられる。ちなみに、私の夢野農場の近くにはヒクイナがいる。鳴き声だけで姿は見せてくれない。

西表島の自然といえば、マングローブの森だろうか。マングローブとは、海に面する塩性の湿地帯に広がる植物群の総称である。多数の支柱根で自身を支え、特殊な根で海水の塩分を体の外に出すシステムを備えている。

次に向かったのは祖納地区の海岸だ。その日は大潮の干潮で、ウミショウブの受粉があるからだ。ウミショウブは西表島や石垣島などの浅瀬の海で見られる海草で、四月～十二月の潮位が最も下がる大潮の時期に受粉する。潮が引くと柄が切れて、スポンジ状の雄花が水面に浮か

県道をヒョコヒョコ歩く
シロハラクイナ

西表島にはこのような
ヤシの森が広がる

祖納地区にある御嶽とよばれる神聖な場所

んでくる。その一部が雌花に付着し、受粉するのだ。多数の雄花がいっせいに開花して海面を漂い、あたりを真っ白に染める。近くの保育園の子供たちが観察に来ていた。

　私はレンタルバイクで路地裏を走り回る。意外と本土出身の人が多い。京都から移り住んだというお母さんと子供がいた。トレッキングツアーのガイドなどをしているそうだ。

　祖納地区は静かなたたずまいで、家並みの垣根は、テーブルサンゴなどの漂着物を積み上げている。そしてフクギという島の樹木で支えて骨組みにしている。

　島の各地区には御嶽《うたき》という神を祀る神聖な場所がある。鎮守の杜のようなもので許可なく入れない。

　島に入って初日に泊まった民宿は、南の島の風情がある海岸沿いで波の音が心地いい。女将さんは東北出身で、二十数年前に島にあこがれて来たという。私はあらかじめオオタニワタリという巨大なシダ植物の新芽の料理をお願いしていた。女将さんは裏庭から新芽を摘んで、テンプラにしてくれた。これが実においしい。シャキシャキしていて歯ざわりがいい。オオタニワタリは大木の幹などから生える着生植物でもある。肥料分の少ない南方の土壌で生きるたくましさがある。

▼南風が吹く西表島

　翌日は島の東部へ。レンタカーに乗り換える。離島にいるエリグロアジサシとベニアジサシを観察する。繁殖期のためあまり近づけない。大原地区の防波堤ではコアジサシが群れていた。西表島では六種のアジサシが確認されているらしい。昨年はナンヨウショウビンが確認されたそうだが、今年はまだ確認されていない。アカオネッタイチョウはたまに姿を現すそうだ。カツオドリは沖に出ないと観察できないらしい。ムラサキサギはよく田んぼで見かける。アカショウビンはごく自然に見られる。九州ではとても珍しく、私の農場では、渡りの季節に立ち寄ってくれて、鳴き声を聞くことができる。

　南風見田《はえみだ》の浜へ向かう。夏の西表島の

眼下に広がるマングローブの森

海だから泳がなくては。リーフには熱帯魚がたくさんいて、簡単にご対面できる。熱帯魚が私のお腹に吸い付いてきて、気持ちいいのか悪いのかわからない。

西表島では南を「ハエ」と、西は「イリ」いう。地名を調べるとおもしろい。有名な観光地であるピナイサーラの滝の語源は「ヒゲが下がっている」という意味であり、カンピレーの滝は「神の座」である。島の大事な地名で神のことを「カン」と呼んでいる。私は北海道のアイヌは「神」のことを「カムイ」と呼ぶことを述べた。地名などの類似性から推測すると、ここ西表島も日本列島（花綵《かさい》列島）の一部であり、大きな意味で同じ日本人だと感じた。

水牛車に乗っての由布島《ゆぶじま》散歩は楽しかった。のどかで、水牛の愛想がいい。島へは歩いても渡れるが、マンタの子供が掘った穴があるので要注意。水牛に送迎してもらったあとに、私は水牛に話しかける。「ありがとよ」。すると水牛は「ウンモー」とうなずいた。水牛たちは週休二日制であり、休みの日は水牛の池でリフレッシュしている。

宿泊した民宿はどこも快適だった。竹盛旅館は清潔でおいしい島料理がいただける。南風荘は歴史の生き証人のようなおじいさんとおばあさんが切り盛りしており、戦争秘話などを話してくれる。

トレッキングは大富林道を選んだ。まだ観光化してないが、安全で自然が豊富だ。このルートでは、カヌーを利用しなくてもサガリバナを見ることができる。サガリバナは七月中旬にマングローブに咲く花だ。夜になるといっせいにブドウの房のような花を咲かせ、夜明けとともに落花してマングローブの水面に漂う。

▼西表島の古代史

西表島の古代史はほとんど未調査である。仲間川のたもとに貝塚の記念碑がある。この仲間第一貝塚は一〇〇〇～一二〇〇年ほど前の貝塚で、石器や釘、貨幣が出土しているにもかかわらず、土器が出土していないという特徴がある。また、

サガリバナ

水牛車に乗って由布島へ

貝塚の年代も興味深い。今から千年前といえば本土は平安時代。その頃、この西表島では石器時代と同じ生活を送っていたのだろうか。

この仲間第一貝塚から北に少し離れたところに、仲間第二貝塚がある。この第二貝塚からは大量の石器が発見された。波照間《はてるま》島の下田原貝塚からは下田原式土器が出土している。年代は第一貝塚よりも古いと考えられている。つまり、古い貝塚から土器が出土し、新しい貝塚からは発見されていない。また石器時代に逆戻りしたということだろうか。ただ、土器を用いなくても焼き石料理で充分だし、自然豊かなこの島では、食料も貯蔵する必要がないほどたっぷりあっただろう。

二〇〇八年、西表島南西部で鹿川《かのかわ》ウブドー遺跡が発見されたが、石垣市の教育委員会によると、以後の調査はされていない。鹿児島の上野原遺跡が九五〇〇年前といわれており、南方からやってきた民族だと推測できる。とすれば、先島諸島でも今後、新しい発見があるだろう。

二〇一七年に石垣島の白保竿根田原洞《しらほさおねたばるどう》穴《けつ》遺跡から二万七千年前の人骨が多く発見されている。そして沖縄県埋蔵文化財センターはデジタル技術によって顔を復元している。

ハワイ大学の言語学者の研究によると、多くのポリネシア語が日本語の中に取り込まれているという興味深いものがあった。たとえば、日本語の「はらはら」「ほのぼの」「とことこ」「ぷかぷか」「ぴかぴか」など、同じ音をくりかえす畳語《じょうご》はポリネシア語でも解釈できるという。つまり、日本語は南方からも多く伝わってきた可能性があるのだそうだ（西岡秀雄『日本人の源流をさぐる』）。

福岡に小呂島がある。インターネットによると、南方には戦いの神であるオロ神がいるそうだ。「オロオロする」という日本語の起源が南方からなら、小呂島の名前の由来も南方かもしれない。対馬にも、豊玉町にオロという地区がある。

朝日を受けるガジュマル

仲間川のたもとにある貝塚の記念碑

▼秘祭を見学

今回の西表島旅行の本来の目的は東部の古見という集落に伝わるアカマタ、クロマタ、シロマタの秘祭を見学することだった。これは八重山諸島に伝わる豊年祭で、その年の作物の豊作を祈る祭だ。沖縄の方言で蛇のことをアカマタという。

ただ、この祭は秘祭であり、写真撮影、録音などは厳禁とされている。実際、ジャーナリストが山に籠り、祭を隠し撮りしようとして捕まり、袋叩きにされたという。その男は石垣島の裁判所に訴えたが、相手にされなかったらしい。民宿のご主人から聞かされた。

祭自体も、いつどこで行われるか公開しておらず、観光客などを含め、一般には一部しか公開されていない。数日前から山間部への立ち入りも禁止。トレッキングツアーもできない。私は町役場に紹介してもらって、その公開されている祭の一部を見学した。興味本位の観光客が決して立ち入ってはいけない場所だ。

民俗学者の柳田国男は『海上の道』で、日本の稲作は八重山列島を経由して伝わったという説を立てた。そして久米島の「久米」や「古見」という地名は、はるか南方にもあるそうで、多くは「海に近い低地」という意味だとした。確かにその呼び名は「コメ」に似ている。

現在、学術的には稲作が南方から直接伝わったという説を支持している研究者は少ない。中国の華南から北上して朝鮮半島経由で、または華南から直接日本に渡ってきたという説が有力なのだそうだ。しかし私としては、南方説も十分に可能性があると思う。フィリピンあたりから海流に乗って一気に九州北部に伝わったのかもしれない。安渓遊地《あんけいゆうじ》氏は『西表島の農耕文化』で豊年祭の内容を紹介している。

さて、この祭がなぜ秘祭なのか。それは、琉球王朝から祭祀を禁止されていたからだそうだ。琉球王朝の信仰する神と異なっていたからだ。琉球王朝の信仰する神は、沖縄本島の近くにある久高島に降臨したとされている。拙著『ちょっと旅に出て』に詳しく述べている。のちに琉球王朝は、島民が独自に祭祀をすることを許したが、なぜか今でも秘祭のままである。私が見学したのは古見地区だけだったが、類似する祭の伝わる上地島などとは雰囲気も異なるらしい。

▼神様を拝む

祭は夕方五時頃からはじまる。私は二時過ぎには現場についていた。用意していた書類に目を通していたら、地元の方が来て「書類はしまっていた方がいい」と忠告を受けた。村人は殺気立っているから破り捨てられるという。

実際に注意書きが渡される。写真撮影、録音、筆記の禁止、会話の禁止、集落での出歩きの禁止などである。約束が守れない場合は退去してもらうという。

発狂したように、若い男がわめきながら私のような「よそ者」の間をすり抜けていく。神様を撮影しようという「ふとどき者」はいないかを確認する。

集落の公民館に関係者など五十人ほどが集まる。よそ者は私ぐらいだった。ドラの音とともに荒くれ面をかぶって草木で覆われた神様が現れる。ちょっと怖そうだが、やさしそうである。おそらく南方から伝来した神様だろう。教会建築などに見られるグリーンマンのようだと表現する人がいる。グリーンマンとは、蔦や葉に覆われた人頭像のこと。ケルト神話にある樹木信仰などのアニミズムの名残りで、キリスト教が布教地域を拡大していく中で、取り込まれていったと考えられている。古代にケルト人が日本にやって来たという説を唱える人がいる。熊本にはケルト文字が残っていると主張する人もいてロマンがある。

神様は山の中腹から村人を見つめて手を振った。それに対して、私を含め、村人たちは手を合わせた。子供たちは神様に手を振った。

神事が公民館で行われたあと、神様は集落から去り、そして参加者全員が移動する。私が靴のひもを締めていると突然怒鳴られる。

「さっさと行かんか！」

全員が海辺へあたふたと移動する。すると海の離れ小島にさっきの神様がたたずんでいる。そして神様は私たちに手を振ってくれる。みんなまた手を合わせる。

さらに五分ぐらいしたら今度は山の中腹にその神様が現れる。またみんなが手を合わせる。神様は子供たちを見つめて手を振った。子供たちは神様に手を振った。

子供たちが尋ねる。

「どうして神様はあんなに速く移動できるの？」

神様は数分で村の集会場から海の離れ小島へ、そして山の上へと移動した。

お母さんは答える。

「神様だからよ」

どうしてなのか？　神様だからである。神様は本当にいるのである。

集落の大人はそのトリックを当然知っている。重要なことは、なぜこんな大仕掛のトリックをするのか。それは集落を維持していくためには必要だと判断しているからである。集落にとって大切な祭なのだ。

雲海は幻想的である

こののち、クロマタは別行動し、民家を回るのだそうだ（大分県国東市の修正鬼会と同様である）。一般の人は見学できない。この祭はあくまで豊年祭の一環で、村が豊作であって健康、安全を願うものだが、村を守ってくれる神との出会いの場であり、先祖供養でもある。そしてなにより、子供がいなければ村は維持できない。だから子供を大切にする祭でもある。

神様が年に一度集落に降りて来て、海に向かい、海の小島の祭祀場に向かう。そしてまた山に帰っていく。このような神様の行動を私は四国の宇和島祭でも見学した。実は、日本の神道で多く残っているパターンなのだ。福津市の宮地嶽神社も海の神様と山の神様をつなぐ位置にある。山口県防府天満宮も同様だ。日本列島の南端の祭と日本の内地の祭が根本において共通する部分があることを、我々はどう判断すればいいのだろうか。山の幸、海の幸をもたらす山と海を神として崇める。これは来訪神であり、日本の神道の本質だと私は感じている。

古見には、アカマタ、シロマタがベトナム（安南）から西表島に稲作を持ち込んだという伝説があり、ユンタという八重山地方に伝わる民謡では、「遠い遠い海の彼方の安南から渡来して来られたシロマタ・アカマタの御前」と謡われているらしい。

この秘祭を見学して、限りないほどの収穫と感動と学ばせてさせていただいた。台風が接近しているという情報があり、私は旅の日程を早めに切り上げて帰宅した。大きな収穫があったので十分に満足している。

海外編

OVERSEAS PART

郷愁と癒やしの国　ブータン

▼世界一幸せな国

国内旅行もひと段落し、私は十五年ぶりにパスポートを取得した。どこへ旅しようかと思い巡らして、ブータンに決めたのである。二〇一二年九月である。世界一幸せな国？　私はまずこの地へ行くことにした。ブータンは幸せな国なのだろうか。

ブータンの気候はモンスーンの影響で多雨であり、日本と同様に照葉樹林文化だといわれている。モンスーンとは大陸と海の温度差によって生じる風のことで季節風ともいう。夏は海から大陸へ、冬は大陸から海へと季節によって風向きが変わる。里山はカシなどの常緑樹で覆われている。農村ではイモ、ソバ、コメなどが栽培されており、餅や納豆などもあって、日本の文化とかなり似ている。

男性の正装の服は「ゴ」、女性の正装は「キラ」と呼ばれていて、日本のどてら（丹前）とそっくりである。

一九九九年にはインターネットが普及し、急速な開放政策にブータン市民は戸惑っているようだ。主要な外貨獲得の産業は観光ぐらいなのに、高級車が街中を走っていて、携帯電話も多く利用されている。農村部も電化され、電気製品や農業機械を多く見かける。短期間の旅なので、当然、ブータンの人々が幸せなのかはわからないが、農村部を歩くと郷愁と安らぎを感じたのは確かである。

▼ブータンの暮らしと信仰

ブータンは日本と同じ仏教国だが、位牌や墓などはなく、先祖供養もしない。

徳のある人だけは、遺灰に土を混ぜて小さな仏塔をつくり、岩陰などに置いて供養する

ブータンの人々の正装

杵と臼を用いる文化

風にはためく祈りの旗ダルシン

彼らは仏法を学ぶことを日々の生活としている。彼らにとって、仏法は建前ではなく本音であり、そこが日本と全く異っている。その現実を体感できたことがブータン旅行のすべてだったかもしれない。

農村は母系社会で、家は末娘に継がせる（アフリカのマサイ族は末男が家を継ぐ）。田や畑の仕事は女性だけがしていて、家は休むところでしかない。自給自足だから、家に財産的な価値はないのだ。男は山で猟をしたり、川で魚を捕っている。

また、ブータンには夜這いの風習が残っている。夜這いのことは現地語では「アムクニー」という。農村に暮らす男性は、ヨバイに成功することがロマンであって、娯楽であって、夢なのである。かつての日本にも、このようなヨバイの習慣があった。『古事記』の崇神天皇の条に夜這いの記述がある。

イタヨリヒメの家に毎夜、立派な男が通っていた。ほどなくして、妊娠したので素性を調べたら三輪山の神さまである蛇だった。同様の伝承が『常陸国風土

ツチェの祭りの仮面舞踏（チャム）の様子

ツチェ祭を見る少年。ブータンの未来をどう思っているのだろうか

記』の那珂郡「くれふしやまの蛇」、沖縄の宮古島に伝わる「神霊大蛇と住屋の娘」（『宮古史伝』）などがある。西表島の秘祭に登場する「アカマタ」は蛇のことであり、関連があるのかもしれない（八〇頁参照）。

昔は娘の家の前で男が呼びかける。女が答えたら夫婦関係が成立する。お互いに呼び合うことから「ヨバイ」や「妻問い婚」ともいう。これは、日本とブータンが同じ照葉樹林文化圏のため共通点がある。

農家の家の壁は、木枠に割った竹を編んではめ込み、泥で塗り固めてた「真壁《しんかべ》工法《こうほう》」であり、日本の昔の家と同じである。左下の写真は真壁に描かれたガルーダだ。ガルーダ航空のシンボルマークとしても有名で、ブータンの言葉で「ジェチェン」という。ガルーダが蛇を捕まえていることに注目したい。蛇信仰の民族を支配したという意味だろうか。ガルーダ神話は、囚われた姫を蛇神から救い出す「ペルセウス・アンドロメダ型神話」に分類される（一一八頁参照）。

プナカゾンと呼ばれる冬期の王宮には、蛇を祀っている部屋がある。ブータンの君主であり、チベット仏教の高僧でもあったシャブドゥンが一六一六年にチベットからやって来たときに道案内したという蛇を祀っているのだ。この蛇は先住民族が信仰していたものの象徴だろう。ブータンが国家として先住民族の蛇信仰も大切にしていたことがうれしかった。

寺院のコンチョスム・ラカンには土地の大蛇を支配した証の石があり、シンカル・ラカンにあるチャナドルジ（金剛菩薩）の像は蛇をくわえているという。ブータンにおいても蛇を祀っている場合と逆に封じ込めている場合があることに注目したい。今回の私の著書の大きなテーマの一つだ。

ちなみにブータンでは夏用の王宮と冬用の王宮があり、大移動をする。「トランスヒューマンス」と呼ばれていて、合理的である。

ブータンは郷愁と癒しの国である。

ブータンの女性

僧院に寄宿している子供たち

タワン僧院。正式名称はガンデン・ナムギャル・ラッツェ、「神の馬に選ばれし天上界で最も神聖な場所」という意味を持つ

ブータンの典型的な家

プナカゾンにある蛇を祀る部屋

ヘビを捕まえているガルーダ。パキスタン北部ではヘビを捕らえるヤギの壁画があった

最果ての地　アルナチャール

残された桃源郷

▼出発前～成田空港

アルナチャール・プラデシュを旅したのは、二〇一四年三月十一日から十三日間だった。

アルナチャールは「日の昇る大地」という意味で、インド北東部に位置している。三十以上の少数民族が暮らしており、大きな州だが人口は一二〇万程である。今回の旅はチベット系のモンパ族と、日本人のふるさとであり、源流が残っていると思われるアパタニ族の暮らしを見学することが楽しみだった。

五千万年前にインドプレートがユーラシアプレートにぶつかり、押し上げられてヒマラヤ山脈ができた。ヒマラヤ山脈が高地になったのは、およそ一千万年前だという。そのヒマラヤの壁によって、南側は高温多雨のモンスーン気候になった。そのため、高地であるにもかかわらず、アルナチャールはブータンと同様に温暖な多雨地帯となり、「森のヒマラヤ」と呼ばれている。

出発前、旅行社の方から電話があって「ご要望はありますか」という連絡があった。私は「二カ月間も準備計画しましたから、旅は半分終わったようなものです。非常事態には撤退する決断をよろしく。ネット検索では、昨年のツアーでセラ峠が雪で閉じ込められたとのこと。チェーン対策などもよろしくお願いします」と伝えた。以前に個人旅行したパプアニューギニアのときのようなトラブルはもうこりごりだった。

ツアーの出発は成田から。福岡から早朝一番の航空機でも間に合うが、前日に出発したのは正解だった。出発前は期待に胸をふくまらせていたので、興奮ぎみで疲れていた。前泊したので気持ちが安らいだのだ。ホテルにはシャワーがあり、湯船につかることができた。しかし、インド滞在中はほとんどシャワーの湯が出ない。

成田空港の出発ロビーでくつろいでいる時間はとても楽しい。夢と期待にあふれている旅人の顔は輝いている。学生も多い。「旅に出ます……探さないでください」とプリントしているTシャツを着た女子大生風の人もいた。

▼はじめてのインド

エア・インディア航空を利用してインドのデリーへ。そして、翌朝早くホテルを出発し、インディゴ航空でアッサム地方の中心都市ゴウハティへ。インディゴ航空はミニスカートの美人スチュワーデスが多いと評判だ。コーヒーの機内サービスは有料だが笑顔に会える。

　上空から見たアッサム地方は延々と水田が続く。モンスーン気候がもたらす芸術なのか、文化なのか、自然形態なのか。大地を人間が独占した異常空間なのか。

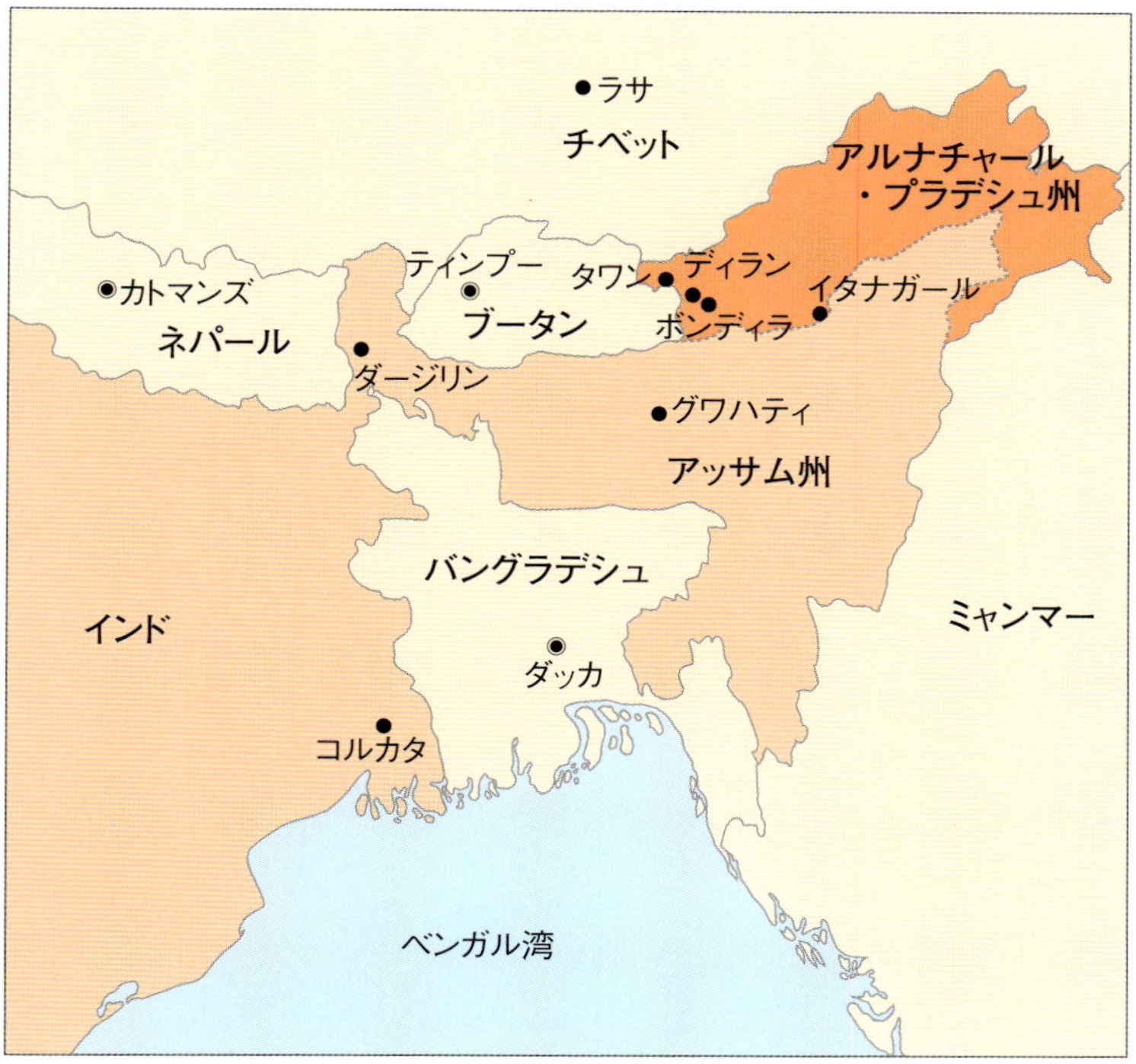

アルナチャール・プラデシュ州の位置

　ゴウハティに到着して、そこでガイドのジャンベイさんらと合流し、五台の専用車で北へ向かう。途中アッサムティーの茶畑が見える。茶畑にところどころ樹木が植えてあるのは日陰をつくるためで、摘み取り作業は日陰に合わせて移動する。労働者はバングラディシュからの出稼ぎだそうだ。若葉だけを手摘みしたお茶なので、とてもおいしい。私たちは製茶工場の直売所で茶葉を購入した。

ヘビのように蛇行するブラマプトラ川。周囲には水田が広がる

　ブラフマプトラ川という大河を渡る。二年前に大洪水があったことをネットで知っていたので、今は大丈夫かと尋ねると、ガイドは「OK、OK、サンキュー」という。この川はチベットの山々を源流として、下流でガンジス川と合流し、ベンガル湾に注ぐ。

　ディスプールのホテルに入る。未明の四時半頃、お祈りのような放送で目覚める。何だろうか。朝食のときに尋ねると、添乗員のAさんが「アザーン」といってイスラム教徒の礼拝への参加の呼びかけだと説明した。ツアー参加者が私にいう。

「〇〇旅行社のインドツアーにアザーンを知らない人が参加するなんて……」

　ここで参加者を紹介すると、全十三名で年齢は私が一番若い。若いお嬢さんはいなかった。このような旅先なのでお嬢さんは期待してなかったが、偏屈な若者の一人ぐらい参加があるのではないかと思っていた。しかし、六十歳から七十五歳ぐらいの妙齢の女性が中心である。あ

アッサムティーの摘み取り。アッサムはインド茶全体の生産量の
半分以上を占める世界最大の茶葉生産地

とは物静かな退職したサラリーマン風の男性が参加していた。みなに共通しているのは、数十カ国以上も旅していて、生活に余裕がありそうな人たちだった。普通の観光地では物足りず、秘境をめざしているマニアックな人ばかりだった。

北上する

我々は北上して中国、チベットとの国境を目指す。広がる水田地帯には、牛たちが悠然とたたずんでいるのが印象的だった。耕す仕事は二頭の牛と人間の共同作業だ。牛はミトン牛のオスとの交配種であるジャツアだそうだ（一〇七頁参照）。

鋤《すき》のことを現地語では「ハル」という。鋤で耕地を起こしたあとに地ならしをしていた。実は鉄の鋤というものが重要で、アルナチャールの中心都市タワンに寺院ができた時期と鋤が農民に広まった時期が同じである。

私たち観光客が観察していると、牛たちは、はりきってスピードをあげる。手

畑に現れる野生のインドゾウ

牛で畑を地ならし

綱をにぎる若者は「オイオイ」となだめる。

インドでは牛が神様で、人間と牛との信頼や友情も存在する。道端では牛が闊歩している。フンだらけだが人々は平気だ。山岳地帯の道路では、半分乾いた牛フンが敷き詰められている。通過する車に踏ませてペチャンコにして、冬場の燃料や肥料として利用しやすくするためだ。牛が残飯あさりもしているし、高速道路の中央分離でも休息している。デリーの空港内にも入り込んでいる。海外からの旅行者はこれを見てどう感じるか。「来世は牛に……」「前世は牛だった……」。こんな輪廻転生、悟りのようなものを直感する人はインドを好きになれるが、理解できない人は、再度のインド観光は遠慮するだろう。

牛だけではなく、大きな野生のインドゾウがも休耕田で雑草を食べている。決して作物には「鼻」を出さないから大丈夫だ。

サリーという服はインド人によく似合う。インド人は民族衣装を大切にしている。日本人も民族衣装を大切にしなくてはいけない。ズボンなるものは、元来、中央アジア騎馬民族が馬に乗る際に着用したものが起源といわれており、それが西洋に伝わり、そして日本にも広まったらしい。

ラハという町では、ガジュマルの木を飾り、祀っていた。まだ精霊信仰、樹木崇拝が残っている。私はガジュマルの現地名を村人に尋ねる。村人いわく「ガス」。木そのものなのかガジュマルのことなのかわからない。私は尋ねる。

「Name of ガス？」

村人はあきれたようにまわりに尋ねている。物知りの方がいてラバルガッチィだと説明してくれた。Aさんいわく「この国の人は木の名前なんか関心がないです。関心があるのは日本人ぐらいでしょう」。

途中、レンガ工場があったので飛び入りで見学させてもらった。Aさんの機転のあるはからいだ。社長はR・K・ブクタさんという大金持ちである。若い女性たちが頭の上にレンガを八個乗せて運ぶ。一人で一日に二千個ぐらい運ぶそうだ。千個運んで一三〇ルピー、日本円で二一〇円ぐらい。彼女たちはバングラデシュからの出稼ぎで、仕事は楽しそうだ。彼女たちにインド国籍はないが選挙権があって、イスラム教徒に票を入れるらしい。近くに住んでいて、お茶畑と掛け持ちをしているそうだ。

ガジュマルの木を神様として祀っている

工場の敷地内には子供たちが多くいて元気に遊んでいる。チョコレートでもあげようものなら大変なことになる。子供たちはパニックになり、経営者は私たちを怒鳴りつけて追い出すだろう。子供たちは学校に行っていない。たまに青空学校があるそうだ。**どうしてみんな幸せそうな顔をしているのだろうか。私は、彼らが「幸せそう」でなくて、本当に「幸せ」なのではないかと思った。**実はこれは重大な問題である。幸せとは何か。アルナチャールへの旅における隠されたテーマであったかもしれない。

道路工の事現場でも、赤ん坊を背負って働いているバングデシュの女性労働者がいた。彼女たちは岩石をハンマーで割り、小石にして五〇キロほど集め、三〇ルピー支給されるそうだ。道路の敷石にするのだが、我々の車が通るたびにホコリまみれになる。日本人には到底できる仕事ではない。

▼セラ峠を越える

アルナチャールの主要都市タワンに行くためには、標高四二〇〇メートルのセラ峠を越えなければならない。しかし、天候が雪になってしまった。

四〇〇〇メートルの地点で前の車がスリップして崖から落ちそうになった。あと数十センチ滑っていたら、崖の下にまっ逆さまだった。決して映画なんかでなく現実だ。私は引き返すべきだと判断していたが、口出しはできない。旅行参加者が口出ししてパニックになったら大変だ。実際にドライバーが短気になっている。しばらくして先頭の車が前へゆっくり進みだした。私はドライバーにいう。「Slow Slow チョロチョロ」。「チョロチョロ」とはアッサムの言葉で「Go Go」という意味だ。私は四〇〇〇メートルの車内で夜を明かすことになったかもしれない。車内は暖房があり、防寒服と非常食があるので心配はない。私は覚悟を決めた。

しかし、先頭車両は少しだけ前進した

あとに止まった。引き返すという判断をとってくれた。私は安心した。四〇〇〇メートルの高地だから、さすがのドライバーも呼吸が荒くなっていた。

新しい宿を探さなければならない。ガイドは「空き部屋があるかを調べてきます」といって、暗闇の町を転々と探し回る。

どうにか空き部屋は見つかった。

我々は部屋に入り、懐中電灯とメモ用のボードを用意して食堂へ向かう。グループで話し合いをする。

「この車では雪道を越えられない。明日、とりあえず行こうとするだろう。無理に進行されたら困る」

私は昨年のツアーでも同様に雪でストップしたことをネットで知っていた。このようなことがないように、あらかじめ旅行会社にお願いしておいたのだが。私はこの前例のことは口にしなかった。

ツアーコンダクターのAさんの説明がある。

「とりあえず明日、行きます」

数名の参加者が反対だといった。賛成だという参加者もある。

「雪道だろうと、私は中国との国境まで行きたいわ」

「子供みたいなことはいわないで」

「失礼なことをいうな！」

「忘れましょう」

「それはこっちのセリフだ」

Aさんいわく「会社の指示ですからとりあえず行きます」

参加者のTさんいわく「参加者と会社

レンガ工場で働く女性たちとその子ども

祈りの旗ルンタ。まるで七夕の短冊のよう

途中に訪れた集落ではお祭が行われていた

どちらが大切なのだ！」

Aさんいわく「会社です。私は社員ですから」

Tさんは沈黙する。Aさんいわく「ドライバーの方がタイヤに藁《わら》を用意して巻くそうです」

私は知っていた。藁なんか巻いてもだめで、自転車の古チューブならどうにかなることを。しかし私は、そのことも決して口にしなかった。私はいう。

「もう少しみんなで話し合いましょう」

参加者はいう「多数決なんかで決めるのではなくて、会社に決めてもらう」

みんな今日のところは納得して、話し合いは解散した。みんな不安な気持ちで部屋に戻った。湯タンポに湯を入れておく。もちろん部屋に暖房はない。

▼モンパ族との出会い

翌朝、天気は回復しており、セラ峠は無事に通過できた。セラ峠には大きな門があり、先頭のドライバーは通り過ぎてしまった。後続車に乗っていたAさんはクラクションを鳴らして日本語で怒鳴る。「なぜ止まらないのよ！　何考えてんのよ！」。先頭を走っていた短気なドライバーはおとなしくなった。

標高四二〇〇メートルだけあって空気が薄い。私は腹式呼吸を繰り返すことで酸素を補給した。この場所で酸欠になり、死んだツアー旅行者もいたそうだ。

セラ峠近くにあるセラ湖には伝説がある。セラ峠の南麓にあるテンバン村では争いが絶えないため、新しい王を探していた。自然崇拝、精霊信仰、蛇信仰では村の治安は収まらない。交通が整備されて貧富の差ができると、人間の神となる英雄が必要になったのだ。村人はこのセラ湖で新しい王に出会い、受け入れたという。その新しい王がガブタツォンである。彼には四人の息子がいて、彼らがこの地方の四つの上位クラン（氏族）のルーツとされている。

セラ峠を越えると、まるで別世界である。いわゆる一般的なインド人はなく、チベット族が中心になる。このタワンに

桃の花が盛りを迎え、家の軒先の桃が満開だった

私は陶淵明の漢詩をの冒頭を思い浮かべた。「桃花源詩並記」である。

晋太元中、武陵
人捕魚為業。縁
渓行、忘路之遠
近。忽逢桃花林。
（下略）

（『陶淵明集』）

は、モンパ族が多く居住している。村々には、ダルシンやルンタといったチベット仏教の経文を書きつめ、祈りを込めた旗がはためいている。ダルシンのことをドライバーに話すと「ブッティス」とだけ答える。ブッタ（仏教）とだけしか知らないようだ。彼らはアッサムに住むイスラム教徒である。彼らは運転しながらハッシーという軽い麻薬を含んだをタバコをたしなんでいる。

モンパ地方は桃の花の盛りだった。実はここには桃源郷がある。唐突《とうとつ》にこのようなことをいっても、誰にも理解してもらえないだろう。山の中腹に小さな家がぽつりぽつりあって、庭には桃の花が満開になっている。モンパ族の女性はカイガラムシを集めて潰し、桃色の染料をつくる。そして桃色に染めたシンカという服を着ている。カイガラムシは桃などの樹木につく害虫だが、彼らは逆に染料として利用している。桃の花を大切にして、桃色をした民族衣装を守っている。モンパ族の人たちは桃の花が好きだからシンカの服を着るのだと私は感じた。桃の花が彼等のシンボルなのだ。彼女たちはツィパー・ジャム・ジョモという、ヤクの毛のフェルト帽子をかぶっている。モンパの旧正月は桃の花の咲く時期なのだ。穏やかで平和な社会だと直感した。これはすばらしいことであって、私が今回の旅で知った最大級の成果である。

ヒマラヤをバックにカウベルを聞きながらお弁当を食べる

道沿いに小さな川があると、水流で回るロール状のマニ車が備え付けられていることがある。回るとそれに合わせて鈴の音が響く。マニの中には経文が収められており、回転させた数だけ経文を唱えた功徳がある。日本の古刹《こさつ》といわれる寺にもマニ車が残っているところがある。

山間部で川がないところでもマニ車のような音色が響いていた。その正体はカウベルだった。放牧された牛の首につけられた鈴がマニ車の音のように響くのだ。

私はヒマラヤの山々をバックにカウベルの音色を聞きながらお弁当を食べた。

マニ車を回す人

ヒマラヤをバックにヤク。カウベルが鳴り響く

この音色を聞いていると心が洗われる。一日中この音色を聞いていたら人間性は一変する。私は日本に戻ってもこの風景のイメージを思い浮かべている。

　チベット仏教の人たちはマニ車を回すことによって、仏心を深めて悟りを開こうとする。涅槃《ねはん》に達したいと願うのである。その願いをこめて毎日、マニ車を回し、功徳を積み重ねようとする。チベット仏教の基本は、輪廻転生《りんねてんしょう》への気付きからはじまる。生きることと死ぬことを考えようとする。因果応報《いんがおうほう》の気付きでもある。生きることと死ぬことを同一視する死生観でもある。彼らは経済的に貧しくてもその哲学をよりどころにして生きている。

　道端では赤ん坊が産湯《うぶゆ》に浸かっていた。それからお父さんは赤ん坊を抱えて遠方に連なるヒマヤラの山々をながめていた。

　サンブンという石の香炉がたくさんある。松などの枝葉を焚いて煙らせて焼香をする。チベット仏教では大切な宗教儀式である。私は日本における護摩供養の煙を思い浮かべた。

　農村では落ち葉が大切な肥料である。ブータンのように日本から化学肥料、農薬などの援助はない。畑の山手には、いわゆる里山があり、保護されている。コナラなどの落葉する樹木だけを育て、その落ち葉を集める里山を「ソエバシン」という。女性たちが大きな籠に落ち葉を詰め込んで、畑に運んでいる。お年寄りは軽いマツボックリだけを集めて燃料として利用し、家族のために貢献している。落ち葉を集める森のさらに上は「ボロン」という薪を集める森がある。そしてさらに奥は「ムーン」と呼ばれる建材を集めたり、狩猟を行う深い森がある。

　畑は主食であるトウモロコシを育てている。そこに里山で拾ってきた落ち葉を敷き詰める。雑草が生えないようにするためだ。厚く敷くので底の方は自然発酵する。まるで森のようである。自然農法であろうか。

　トウモロコシを粉にしたものを「ププペ」という。しかし、二十年ほど前から

松の枝などを燃料に用いる石の香炉サンブン。枝先を香炉にくべて香りを楽しむ文化と感性がある。

左上：突起のある板で水を受け、軸を回転させる
右上：トウモロコシを粉にするための水車小屋
下：回転軸が受けた力を、歯車を用いて杵を振り下ろす力に変える

インド政府によるお米の配給がはじまり、民族の伝統的な食文化の存続が危ぶまれている。私はオールドジロ（旧ジロ）の村でトウモロコシを粉にする水車を見学した。水車のことを「チョスコル」という。実に効率的な水車だった。日本もこの形態を用いて発電でもチャレンジしたらいいと思った。

みせかけの豪華さ

タワンで泊まった宿は立派な建物だったが、崖の斜面に建っていた。斜面は河川の横で、水の力で削られた河岸段丘《かがんだんきゅう》である。建物の構造に不安を感じた。河川の護岸工事などをしても地元人はここに住まないだろう。ホテルには高級そうな内装が施されていて、外国人観光客に泊まらせたらいいと考えているようだ。額縁の大きな絵画も高級そうだ。

まわりはプラスチックゴミの山である。彼らはプラスチックゴミの焼却によるダイオキシンの問題に気づいていないのかもしれない。

立派なのは表面だけだ。地震対策など考えてないだろう。これは民族の問題ではなく経営者側の問題である。食堂に入るが暖房がない。ストーブを要求すると持ってくるが点火しないし、しばらくして片付けてしまった。彼らにとって灯油はかなり高価なものだった。部屋にも暖房がない。立派そうな絵画などはあるのに、暖房がないのだ。暖房がないのに、毛布の追加もできないという。ここは標高二七〇〇メートルなのだ。旅行社としてオプション料金を払えばなんとかなったはずだ。まるでこのツアーはサバイバルツアーだ。雪山のテントのように各自が防寒対策をしておかなくてはならない。私はすべての下着を着込んで毛布に包《くる》まる。

私はここでとんでもないミスをしてしまった。なぜか換気扇があって、それをつけたままで寝込んでしまったのだ。暖房がないのに換気扇は回るのか。さらに私はもう一つ大きなミスをしていた。湯タンポを毛布に入れたまま、前日に泊まったホテルに忘れてしまっていたのだ。私は翌朝に体調を崩し、ダウンした。

旅の出発前に旅行会社は「ホテルに暖房がない可能性があるから、希望者には小さな湯タンポを無料で貸す」といっていた。あらかじめ、高地のホテルなのに暖房がないことをはっきりいわないのが日本的である。なんでも曖昧《あいまい》にするのだ。曖昧なのが「日本的」なのだからしかたがない。旅行参加者は、そこを十分に察知して、大きめの湯タンポを持参しておくべきなのである。こんな重大な感性を参加者が察知できないようでは、このような秘境旅行に参加するべきではない。間違いなくアルナチャールは秘境である。十分な計画と心構えをしなければならないのだ。

中国との国境へ向かう

参加メンバーのお年寄りはいたって元気である。私はそれが不思議でしかたがなかった。七十五歳になろうかという人たちである。しばらく走ってトイレ休憩になる。Aさんいわく「男性は前の方で……、女性はうしろの方で……」

「Bush in toilet」藪の中である。私はこのような事態は想像もしてなかった。女性たちは平気で男性の前でいう。「搾り出してくるか」

私は昨夜の失態で体調を壊していた。前の方のブッシュの中で×××だった。私はどうにか排出したので少しづつ回復した。下痢になったら下痢止めなんか飲んではいけない。すべて出したあとに整腸剤を飲むことだ。私がそのことを話すと、おばさんいわく「オシメがいるのよ。私たちはみんな用意しているわよ」

私はこのときに理解した。このような旅に参加するのは普通のおばさんではなかったのだ。年配者は静かなリゾートではなくて、秘境へも旅をする。旅先でならいつどこで死んでもいい。Aさんによると中央アジアの旅のときは宿で亡くなった方がいたそうだ。その人は旅行保険に入ってなくて、家族に連絡しても来なかったという。旅行社も添乗員も大変である。ツアーでは、高山病で亡くなった人もいる。南米では現地人にツアー参加者が銃殺されたこともある。軽はずみに現地の子供を抱きかかえたので人さらいと判断されたのだ。参加者が銃殺されてもそのツアーは続行したらしい。

さて、海外旅行ではパスポートが命綱である。海外でパスポートをなくせば私たちは宇宙人のようにみなされてしまう。以前に中南米の旅で、添乗員の人がパスポートの入ったバックを盗まれたそうで、

聖地ゴルサム・チョルテン

会社の人間がすぐに現地に飛んだという。パスポートはコピーしておいて、代用としてとり出せるようにしておくべきだ。パスポートをなくしたときのために、あらかじめ写真を用意しておき、渡航用の臨時証明書を発行してもらうのだ。なぜなら、現地で証明写真を撮ってもらうと高額になり、大変だからである。実際に途上国では公務員が堂々と賄賂を要求して、あとでみんなと分けるのだそうだ。給料が安いから当然だと思っている。断ったら大変だ。女性の参加者いわく「パスポートはパンツの中に入れておかなくてはいけないわ」。

▼体調を壊したあとに

私はしばらく体調を壊して不安だった。途中休憩するところなんかない。病院やコミュニティーセンターやレストランもない。体調を壊すとサバイバルになる。換気扇をつけっぱなしにしていただけである。私は恐怖によって寒気がした。

我々はニャムジャンチェという国境の町に入る。ゴルサム・チョルテンという十二世紀につくられたチベット仏教の寺院の広場で昼食だ。昼食といっても私はほとんど食べられない。隅のほうで休んでいると、Aさんが私のために手づくりのすし太郎のおにぎりを持ってきてくれた。私はうれしくてがんばって食べた。しばらくして私は元気になった。夕方には完全に治る。

この寺院の創設者は、赤ん坊の頃、迷子になって、野生の猿に保護されていたという。人間以外の動物とも植物とも共存することの重要性を教示した。仏教における悟りとは実はこのことであって、それを理解できないことを無知というのだ。チベットの人たちは子供でも悟っているし、決して無知でない。この地方には病院がほとんどなく、ケガをしたら死を待つだけだ。しかし、死んでも輪廻転生して牛や猿になるかもしれない。現世のうちに牛や猿と仲よくしておこう。生と死をも平等に考えて、因果の法則を納得して、物質に執着もせずにいると、涅《ね》槃《はん》に達するかもしれない。私はそういう考えのほうが幸せかもしれないと思う。

日本の五徳と同じ

タワン僧院の近くには、ラサから逃れてきたチベット難民の村ショー村が見える

中国のアルナチャール侵攻

我々は中国との国境付近まで行く。小さな石碑がある。中国のチベット侵攻の問題は重要である。映画の「セブン・イヤーズ・イン・チベット」を観るのが一番だ。なぜ中国はチベットを侵攻したのか。なぜ十九世紀以降、帝国主義の欧米は植民地として世界各地を侵略していったのか。日本がかつて隣国を侵略したのは何だったのか。

最初に述べたが、インドと中国の間にはマクマホンラインという暫定的な国境がある。イギリスが主導して、一九一四年にシムラ会議で成立した。このアルナチャール・プラデーシュがインドの州として成立したのは一九八七年のことである。地理的に見ると、ここがインドだとは思えない。実際にナガランド州などは独立を目指して戦っている。

今でも中国はアルナチャールを「蔵南」と呼び、インドから奪回しようとしている。根本的にアルナチャールがインドであることも疑問である。一九六二年、中国軍がアルナチャールに進攻したとき、インド軍人であるジャスワントシンは、たった一人で中国軍の侵攻を二日間も食い止めた。今日でもインドの英雄であり、彼を讃える霊廟がある。一九六二年十月、中国軍は中心都市であるテズプール近郊まで進攻した。テズプールの銀行は、紙幣をすべて焼き払い、逃亡した。さすがに世界各国の世論の批判にあって中国軍はたった二日で撤退し、マクマホンラインを越えて本土に戻った。

しかし、実際には批判によって撤退したのではない。中国軍はすでに、チベット方面に進軍していた。ダライラマのいるチベット自治区と新疆《しんきょう》ウイグル自治区への侵略である。

実をいうと、かつてのチベット王国も平等な社会ではなかった。ラサに住む一部の僧侶が特権化した差別社会があった。モンパ族は農民のウンパと牧民のプロパに分かれている。「モンパ」というのはチベット語で「低地の人」という意味。つまりラサに住むチベット人は「高地の人」であって「モンパ」は差別的な意味

正月に、親戚みんなと会うことが楽しみだという村民

お寺の門の壁面に描かれていたヤクチャムの様子

を含む。ラサの人の傲慢さもあったのか。

私はそういう現実をもっと知りたかったが、ツアー旅行では現地のガイドに尋ねにくい。我々が訪れたモンパ族は、チベットのラサの人たちから下級のチベット人とされて、莫大な税金を納めさせられていた。ガイドの話では、モンパ族の人がラサに出向き、ラサの人と目を合せてしまうだけで袋叩きにあったという。ダライラマ十四世が一九五九年に亡命してラサからこの地、モンパ民族のタワンに逃れたときに次のように語ったという。

「私たちがこのような悲惨な目にあっているのは私自身、子供のときにタワンから来た、モンパの子供をいじめていたからであろう」

▼ヤクチャムは獅子舞の原型か

我々はカリマン村の民家を訪問する。調理場には日本の五徳《ごとく》と全く同じものがあった。名前を尋ねると「レータプ」だという。「レー」とは鉄のことだ。庭先に縦横四〇センチ、深さ二〇センチの穴を掘り、五徳を置いて火を起こす。その上に丸鍋をおいて煮炊きする。画期的な調理方法であり、鉄製品・製鉄技術がもたらしたチベットからの仏教徒のおかげである。

民家の梁などには白色で炎の絵が多く描かれている。少しでも明るくしたいからだという。私は村人に尋ねる。

「What is the best time are you doing feel happy ?」

彼らはみないう。ロサル（チベット暦の旧正月）に親戚みなが会うことだと。

そのロサルの祭のときに踊るのがヤクチャムである。ヤクの毛皮または黒い布を被り、ヤクという牛の格好をして踊るダンスである。ガイドによると親戚同士がグループになり、隣の村などにヤクチャムの踊りに行き、お酒などをもらって交流するそうだ。これは日本の獅子舞の原型だと思う。絶対にそうだ。

日本ではお寺の門には毘沙門天《びしゃもんてん》などがあって人々をにらみつけているが、ここの寺ではのどかで、やさしい絵だけが描かれている。のどかでやさしい村なのだ。

インド料理

インド料理といえばカレーだろう。機内食のカレーの中には唐辛子が入っていて、インド人は平気で食べている。日本人が気づかないで食べてしまうと焼けつくように辛い。機内には日本人も多いのになぜ注意してくれないのかとは思う。しかし、そのようなおもてなしがあるのは日本人ぐらいらしい。むしろ辛い唐辛子を食べて、たまげて旅行気分を味わってもいいか。

街中の食堂でもテーブルには唐辛子が置いてあって現地の人は平気でつまんでいる。我々が間違って口にすると大変なことになる。それに、カレーの味付け自体、日本人の舌には合わない。モモという水餃子はおいしい。焼きソバもおいしい。果物はバナナが無難である。

茜で染められた僧衣

モンパ族が多く住むタワンには、タワン僧院がある。修行僧はインド茜《あかね》で染めた赤い僧衣をまとっている。元来、日本の日の丸の赤色は茜で染める。日本の源流がここにもある。

若い僧が私にカプセという小麦粉でできた生地を油であげたお菓子を差し出す。私はいう。「チーチ　タワ　チョエチェン」（菩薩の心）「オニマニペメフム（真言）」

それに対して若い僧はにっこりとうなずいた。

モンパ地方で畑を耕す鋤《すき》が用いられるようになったのは、十七世紀にタワン僧院ができた頃である。鋤や鉄製品をこの地方にもたらしたのは、チベットからの仏教徒であった。チャクサムという川に鉄骨の橋ができたのもこの頃だという。よって橋には今でも大量のルンタが飾られている。モンパ地方にチベット仏教が定着するには製鉄技術の伝達が不可欠であった。私としては十七世紀以前の文化を知りたいが、むずかしいことなのだろうか。以前はボン教という民族信仰があったようで、今日でもチベット仏教僧は星占いや十二支を利用してボン教の儀式も実践しているらしい。

アッサム地方に戻る

我々はモンパ地方を離れ、アッサムへ戻る。またセラ峠を越えなくては。

セラ峠を越える前にトイレ休憩がある。便器の汚れがひどい。外国人もたまに立ち寄ることは、当然わかっている。一帯は雪原なので、いかにワイルドな女性でも屋外でトイレはできない。国際的な立場から、せめてこのような場所のトイレは清潔にしておくべきだ。どうにか奉仕の方が掃除してくれた。

私はジロの街中のオールドマーケットでトイレに行きたくなり、困ったことがあった。街中の警備員にトイレのことを話す。すると警備員はホテルのトイレを案内してくれた。トイレトペーパーはもちろんない。右手は使わないこと。左手で××してバケツの水で洗う。

さて、セラ峠の管理人は私に対して親

ルンタがかけられた鉄の橋。カワウソが多くいるそうだ

切に話してくれた。

「Today is snow ok」

我々は無事に峠を越えることができた。しばしば雪で阻まれるセラ峠だが、現地の人たちはチェーン対策などをしない。雪が溶けるまで何日でも待つのである。我々観光客も彼らのルールに従って、本来なら雪が溶けるまで待つべきである。これは海外に出かけるときのキーポイントである。「郷に入らば郷に従え」である。

どうにかホテルに着く

ホテルに着くと、全員がホテルの食堂に集まり部屋割りする。すると一人分の部屋が足りない。いったい何の手違いか。実は、もともとそれだけしか部屋がなかったのである。ホテル側は相部屋してもらうつもりだったのだろう。旅行社のパンフレットでは「相部屋になることもあるので協力を」と明記してあった。なんというい いかげんなホテルだ。日本だったらマスコミに連絡されて倒産だ。もしかしたら、旅行会社は部屋が足りないことをあらかじめ知っていて、相部屋してもらうつもりだったのかもしれない。私は当然いう。「どなたか相部屋しませんか」。ところが誰からも返事がなかった。私は不思議だった。夕食時に私は再びみなさんに相部屋のことを話したが全員が沈黙した。私は怒って共同生活のこと、旅というものを切々と説いた。しかし、参加者の反応が全くなく、みんな沈黙している。

　私はいってやった。「最近の旅はリッチになったものだ。進化したのか。私が若い頃は、旅といえば雑魚寝《ざこね》で語り合ったものだ」。

　参加者はツアーコンダクターのAさんにいう。

「Aさん、Y君がうるさいから、いっしょに寝てやってよ」

　Aさんいわく「宿はどこか探します。車の中でも寝られますし、ドライバーたちのゲストハウスに空きがあるかもしれません。添乗員は別です」。

　参加者はそそくさと部屋に戻ってしまった。Aさんは独身なのだそうだ。離婚した母親と引きこもりの弟を養わなくてはなりませんからという。なぜ私が替わってドライバーたちの宿に泊まらなかったのか。私はその夜、彼女のことが心配で寝られなかった。くやまれてしかたがなかった。

▼お写真ストップです

　無事に朝を迎えることができた。部屋ではお湯が出ないので、シャワーどころか髪も洗えない。しかし私は、厨房にはたっぷり湯があることに気づいた。髪を洗う湯が部屋にないなら、厨房まで湯をもらいに行けばいいのである。なぜ今まででこんなことに感づかったのか。

　さて、本日も大移動である。朝七時にアッサムの宿を出発。乗用車だから常に窓際だ。風景を見ながらの旅だから退屈するはずがない。「Sightseeing trip」である。トイレタイムはあいかわらずBushの中である。途中でAさんはいう。

「みなさ～ん。お写真ストップで～す」

　元気な姿を見て私は安心した。無事に寝られたのだろう。

　アッサムとアルナチャールとの州境には検問所がある。我々はパスポートを提出しなければならない。検査が終えるまで散策していたら大きな蛇の像があった。ガイドに尋ねるとナデプタだという。「ナーガ」とは蛇であり、「デプタ」とは神のことである。蛇信仰が残っているではないか。すごい発見である。ナガランドでも、ほとんど蛇信仰は消滅して確認できないという情報を得ていたのだ。蛇信仰に関しては、本書で繰り返し述べている。

　夜八時頃、真っ暗闇の一本道を我々はひたすら走る。しかし、雨の中、傘も懐中電灯も持たずにてくてくと歩く人たちがいる。タフである。放し飼いの家畜を家に戻すのに手間取ってしまったのだろうか。ジロの宿に着いたのは夜の九時過ぎだった。

日本人とそっくりなアパタニ族

ジロの町は、人口は十七万人ほどの町である。町の入り口には大きな門があって、中心の上段に十字架が掲げられている。ジロの人たちはキリスト教徒だけではないから疑問に感じた。

標高一七〇〇メートルのジロの町には、アパタニ族の人たちが一万二千人ほど暮らしている。アパタニ族の主食はお米で、インディカ米ではなく、ジャポニカ米である。アパタニ族は日本人と共通した源流を持っていると私は確信している。

ナーガという蛇神を祀っている

前漢時代の紀元前三世紀頃、中国の揚子江（長江）上流の雲南に滇《てん》という国があった。司馬遷の『史記』には稲作と漁労の国家があったと記されているそうだ。「石寨山滇国王族墓」から発見された金印の印文には「滇王之印」と記されていて、つまみは蛇がどくろを巻いた状態である。東洋史学者の西嶋定生氏は、この「滇王之印」と福岡市の志賀島から出土した「漢委奴国王印」とつまみの形式が同一であることを指摘している（『邪馬台国と倭国』）。蛇のつまみを持つ金印は今のところ滇王と倭の奴国王のものだけである。つまり滇王と倭は蛇信仰の民族であったのだろう。滇国には「ワ族」がいたそうだ。彼らは日本までやってきたのではないだろうか。

ブータンからアルナチャール、中国中南部に住む少数民族、そして、日本人は照葉樹林文化圏であり、元来、同じ源流を持つ民族なのだ。そのルーツは原日本人ともいうべき倭人だろう。

倭人のルーツが中国の雲南周辺という説は有力である。戦乱であったり、冒険であったり、文化的、技術的、能力的な理由によって移動し、西へ旅した者は、ここアルナチャールやブータンなどにたどりついたのである。東へ旅した者が日本人である。倭人は、争うことを避けて、森の文化を維持するために、民族移動するのだろう。それに合わせて蛇信仰も移動したのだと私は想像している。これは単なる民族移動ではなく、ヨーロッパにおけるゲルマン民族の大移動のようなものかもしれない。鉄技術を携えた民族の大移動と重複しているのであろう。

アパタニ族の村を散策する。ここではガイドのジャンベイさんのほかに、アパタニ族のハニャさんにもガイドしてもらった。「こんにちは」の現地語は「アヤドワ」「ありがとう」は「パャアロパチ

ノーズプラグをした女性

日の丸そっくりのドニ・ポロの旗

竹筒料理でもてなしてくれた

ヨ」「どういたしまして」は「パヤロパチョ」である。「すばらしい」は「アノアヤド」である。

最初はハリ村へ向かった。高床式の家で、竹（シー）をあじろ編みしてつくられている。屋根はトタンである。村人たちとささやかな交流をした。意外だったのが、日本人観光客に対してほとんど警戒心がなかった。それもそのはず、彼らにとってひと山越えたら異民族が住む土地なのである。周囲は異民族だらけなのだ。

モダンタケ村にて、伝統の竹筒料理でご飯と玉子焼きをつくってもらった。おいしかったし、そのつくり方をじっくり観察できた。私はうれしくて「アノアヤド、アノアヤド」と繰り返した。

日本の国旗である日の丸とよく似たドニ・ポロの旗が多く立てられていた。アパタニ族の人たちが崇める太陽と月を表している。精霊信仰が残っているのだろうか。男の子供がいる家の脇には、ボボという木の柱が立てられている。男子がいる家だけに掲げられる鯉のぼりと類似性があり、とても興味深かった。

ミヨコ祭では若い男がボボの上で曲芸する。日本の消防団の出初式における曲芸と似ている。あくまでこの祭は男子の祭である。女子の祭はあるのだろうか。そのことを尋ねることを忘れていた。アパタニ族は父系社会なのか。

我々のツアーはこのミヨコ祭に合わせて計画されていたのだが、祭の日程が延期になってしまった。原因はよくわからない。前日に火事があったとか、シャーマンのきまぐれだという噂もある。しかし、この程度のトラブルで旅行者が愚痴をいってもしかたがない。ここは日本ではない。我々はとにかく写真をたくさん撮った。村人たちは我々に対して商売などしない。民芸品など売れば儲かるのだろうが、彼らはそのようなことはしようとしない。写真を撮ろうとするとポーズをとってくれる。彼らは寛大なのか、商売気がないのか、商売をしたくないのかよく理解できない。

年配の女性はノーズプラグというものを鼻の両側に付けている。このノーズプ

アギャン。卵の殻や鳥の羽を刺して魔除けにする

鍋で蒸留してお酒をつくる。甘口でとても美味しい

ミトン牛

ラグは藤のかずらをいぶしてつくる。アパタニ族の娘はとても美しく、周辺の民族の若者たちが村に降りて娘をさらっていたという。そのため、わざと醜くしてほかの民族から略奪されないようにするためだといわれている。ノーズプラグは夜、寝るときは外す。今は法律で禁止されて、若い人は付けられないそうだ。

　私たちはニシ族の村も訪れた。彼らは優良なミトン牛の雄を改良して育て、農耕牛として最良な交配されたウシを全国に広めている。ミトン牛は、普段は山に放し飼いにして、ときどき塩などを与える。

　アパタニ族のシャーマンが生贄の鶏から羽を一本づつ抜き、呪文をとなえながらアギャンと呼ばれる魔除けの竹カゴに刺していく。タマという悪霊が家に入り込まないようにするための飾りである。

　フッピォー（ポレオ）というお酒は、大小の容器を重ねて蒸留してつくる。我々は、その様子を見学し、飲ませてもらった。甘酒のようでおいしい。私は二十年禁酒しているので、危うく酒の味を思い出しそうになってしまった。学生時代は焼酎が好きだった。だけど酒による失敗はもうこりごりである。タバコは二十歳の成人式の日にやめた。健康管理のためである。

　棚田では、鯉などの魚を食用として養殖している。日本料理の「鯉こく」の源流だと思う。アルナチャールでは水葬することが多いので、養殖された川魚以外は食べない。彼らは特定の川原で死体を一〇八に切り裂いて川に流して魚に食べさせる。その場所をドゥーティ（Dutai）という。土葬すると死体にウジがわくのでかわいそうだと考えているのだ。

　アパタニ族のお墓も訪ねた。ミトン牛の頭骨が掲げられていて、自然死と事故死とでは墓の形体が異なる。アパタニ族は伝統文化を守っている。隣にバレーボールのコートがあって、若者たちはくつろいでいた。

　しかし、ジロの町には多くのキリスト教の教会がつくられるようになった。ナガランドからバプテスト派の教団などが布教しに来ているそうだ。教団が学校や

山のように商品が積まれたお店

アパタニ族の集団墓地

病院をつくってくれるのだそうだ。アパタニ族は外部の技術を受け入れた上で、独自の文化を大切に守っている。日本の和洋折衷《わようせっちゅう》のようなものであろうか。

▼アルナチャールとのお別れ

ジロの村を離れ、帰路につく。道端では人々が車の中の我々を見つめる。手を振ってくれる子供たち。「Hei japanese！big brother！」

驚くほどに日本人に対する評価は高い。このような旅は年配者だけではなく、若者が参加して欲しかった。

アッサムのドライバーが突然に先行車両を追い越す。しかしすぐに追い越された。眠気がきたのだろう。私がカーレースはだめだというと、にっこりと笑った。ドライバーの仕事も大変だ。

デリー空港の職員は日本語で「さようなら」といってくれる。私はヒンズー語で「カリンチェ、ありがとう」という。お互いの気持ちは伝わる。世界中の人類は悪魔のようなものにのまれて、差別、汚職、戦争が拡張している。インドにおいても大気汚染などが深刻化している。むずかしい問題だ。

インドでは牛が神様であり、信仰を守っている。そのことは何を意味していて、私たちはどう受けとめるべきなのか。インド旅行をする場合に考えさせられる大問題だ。

最後に私の詩を残す。

また星が消えたね……
だけど　どこかで新しい星が……
ひとつの民族が消えて……
日本はあるのか……
人類はあるのか……
地球はあるのか……
ひとつの銀河はあるのか……
国家がなくなっても　どこかで生きていこう……
地上を這う龍女《りゅうじょ》になって
だけど……おちつくところがあるといい……

アルナチャールで出会った人たち

飛行機からヒマラヤ山脈のカンチェンジュンガ（8478m）を望む

薪を担ぐ女性

機織りをする女性

アパタニ族の民家

道端で元気に遊ぶ子どもたち

州境の検問所を過ぎると、そこは気候も人種も文化も違う別世界だった。私たちと同じ肌の色の人たちが、山間の小さな都市や村で、昔ながらの風習や信仰を守って静かに暮らしていた。彼らの毎日は笑顔にあふれ、とても幸せそうだった。

きもったまのありそうな
笑顔の店員さん

山間の危険な道を抜け、畑へ向かう。男性が背負うショイコは腰に負担をかけない形である。実は宮崎県日之影町にも「カルイ」と呼ばれる同様の形をしたショイコがあり、私も所持している

カメラを向けるとはにかんだような笑顔を見せてくれた

お年を召した哲学者のような男性は、カメラを向けるとちょっと不機嫌に……

日本人にそっくりなアパタニ族の青年

イランに行く

はじめに

私がイランを訪ねたのは、二〇一四年八月である。イランに関しては無知に近かった。学校の歴史の授業では全く習わなかったが、ギリシャが戦争でペルシャ（イラン）に勝利したことだけは知っていた。

結論をいうと、ペルシャの歴史は世界史においてきわめて重要であるにもかかわらず封印されているのだ。そのような事情もあって、イラン紀行文は歴史研究的な側面が多くなっていることをご理解ください。

松本清張はゾロアスター教の現地調査などで三度もイランを訪問している。学生時代は、そのことをとてもうらやましく思っていた。私はイスラム圏への旅の経験がなかったので、イスラムの異国情緒あふれる風景ぼんやりとあこがれていたのだ。そんな私が今日、イランに旅できるなんて夢のようである。

そもそも、私が突然イランへ旅しようと思ったきっかけは、二〇〇七年四月に福岡市博物館で開催されたペルシャ文明展だった。そこではじめて楔形《くさびがた》文字を見たとき、とても感動したからだった。

楔形文字は主にメソポタミア文明で使用された文字で、粘土板にヘラを押さえつけて文字を書き、それを素焼きして保存した。栽培された麦などの量や、遠方からもたらされた宝石を記録するために使われたらしい。左下の写真は原エラム文字が刻まれた石板である。イギリスのヘンリー・ラブリーマンが解読した。

日本を離れ、イランへ

福岡空港から伊丹空港へ、そしてシャトルバスで関西空港へ。関西空港では旅行会社の方が見送りに来てくれた。「イランは楽しいところですよ。楽しんでいってください」。私は「別に私は楽しめなくてもいいのですが。目的が達成できて、無事にたどり着けたらいいのですが」という。

関西空港からエミレーツ航空を利用して、アラブ首長国連邦のドバイ空港に降り立つ。未明の四時半である。そしてイランの首都テヘランに向かう。眼下にはペルシャ湾が広がり、タンカーや漁船の船影も確認できる。イランに入ると殺伐とした不毛の砂漠が広がる。左側はザクロス山脈が連なり、テヘランに近づくとアルボルズ山脈、その北側にはカスピ海が広がる。そしてテヘランに降り立つ。イランに足を踏み入れたのだ。

下の写真はアケメネス朝ペルシャの時代のペルセポリス遺跡に残された典型的なイラン人をかたどったレリーフである。イランは多民族国家である。代表的なイラン人はアーリア人らしい。私は旅行中に出会った多くのイラン人に好感が持てた。勇壮でやさしく本音で語れるような人たちだった。

▼イランあれこれ

イランへの旅は八月だったので暑かった。連日六〇度近い気温である。頭がヒートアップしないように、冷凍させたペ

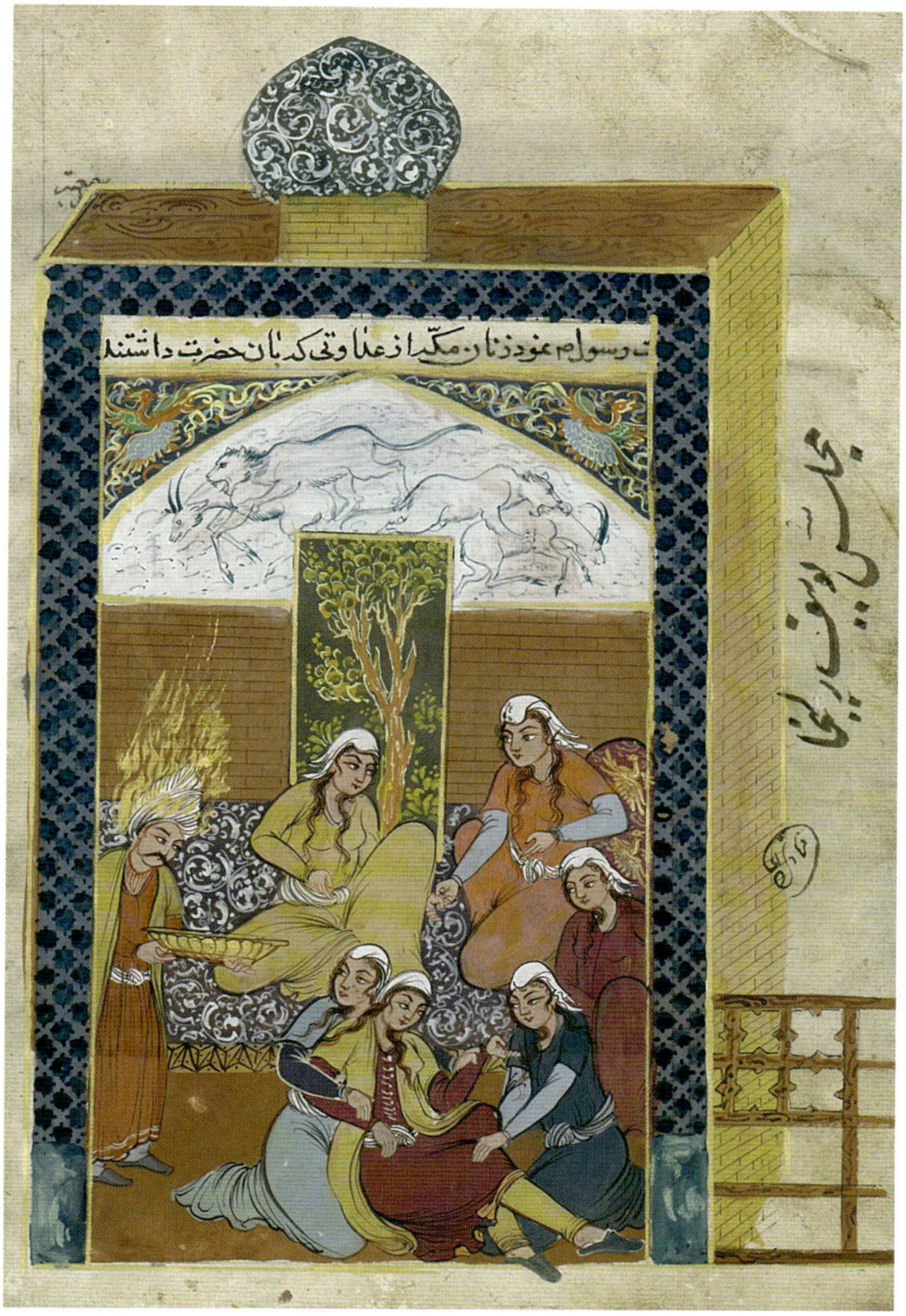

ハーレムを描いた細密画。顔の輪郭線は屈鉄線で描かれている。鉄を曲げたような力強さとしなやかさがある。西域からシルクロードを通って日本に伝わり、法隆寺金堂壁画などに見られる。上部両側にシームルグが描かれている（筆者所有）

楔形文字が刻まれた石版。最も古い文字の一つでシュメール人がつくったと言われている。楔形文字はアッカド、バビロニア、アッシリアによって発展し、多くの石版が残っている

ペルセポリス遺跡に刻まれた勇壮なアーリア人のレリーフ。アラブ人とは異なる

ットボトルの水を、首の頸動脈《けいどうみゃく》近くにあてて移動した。体がヒートアップしても大丈夫だが、脳が温まると大変だ。日傘とサングラスは不可欠だ。参加メンバーいわく「どうして気温六〇度で平気でいられるの？」

それは、空気は水などと異なり、密度が低いからだ。温度とは、分子の振動の回数、衝突の回数そのものである。人間は振動・衝突の回数が多いと暑いと感じる。

胡風《こふう》とはペルシャ風のこと。胡麻《ごま》、胡桃《くるみ》、胡椒《こしょう》、胡瓜《きゅうり》などもペルシャ伝来なのだそうだ。

八世紀にアラビアの数学者イブン・ムーサー（フワーリズミー）は「代数学」を生み出した。代数（X、Y、Zなど）を利用することで、方程式や微分積分を使って難問がたやすく解けるようになった。ゼロの発見にも匹敵する画期的なことだろう。彼は天文学などでも多くの功績がある。

十一世紀にはイブン・スィーナーが大著『医学典範』を著し、十四世紀になるとイブン・アンナフィースによって、血液が肺循環することがつきとめられた。

日本とイランとの関係は、明治初期に外務省理事官の吉田正春氏が訪問したことにはじまる。日本人ではじめてペルセポリス宮殿跡を訪れた。彼は現地でヨーロッパ諸国、そしてロシアの見苦しい侵略の現実を知った。そして、明治政府はロシアとの戦争に備えなければならないと気づいただろう。

日本とイランの国交が樹立したのは一九二九年のこと。イラン人の日本人に対するイメージはとてもいいようだ。実際に私が滞在中にも感じた。日露戦争における日本の勝利は、今日のイランでは誰もが知っている歴史なのだそうだ。

ロシアのイランに対する侵略はすさまじかった（一三四頁参照）。日本は江戸時代に鎖国をしていた。しかし、明治以降は西欧諸国の帝国主義に対応して、近代兵器を取り入れた。その素早い対処をイランから高く評価されたのだ。

一九五二年の出光興産による日章丸事件は世界を震撼させた。それまでイランの石油購入権を独占していたイギリスとアメリカを無視して、国際法のルールのもとで買い付けに行ったのである。非難された日本政府は小さな企業がすることだから介入しないとした。今日の中東諸国が石油自由化を可能にしたのは出光佐三のおかげかもしれない。海賊と呼ばれた男である。私が住む宗像市の出身である。

イランにフェルドゥシーという詩人がいた。彼が九八〇年頃から三十年以上かけて完成させた、古代ペルシャの神話・伝説・歴史を詠んだ叙事詩が『シャー・ナーメ』である。日本における『日本書紀』のようなもので、イランでは国書として大切にされている。収録された伝説などは、細密画（ミニチュアール）にされ、十六世紀以降のイランの代表的な芸術、工芸として今日まで残っている。『シャー・ナーメ』の中にある「Knowledge is power（知は力なり）」という言葉は教育標語になっているそうだ。

古代の日本とイランの不思議な関係

細密画に描かれた鬼は、日本の鬼とそっくりだ。この細密画は決して印刷物などではなく、世界に一つしかないものだ。どうして「鬼」には角が生えているのか。それは、鬼の角は牛の角であり、かつて牛が神様として大切にされていたからだ。『ギルガメシュ叙事詩』にも登場するこの鬼は、「ダエーワ」やインドの梵語で「デーベェ（Diva）」と呼ばれていた。当時はすでに農耕文化が発達しており、牛は大切な動物だったのだろう。その牛をかつて神様として大切に祀っていたが、新しい国に支配されると、古い国の神様が鬼にされてしまった。やがてその鬼が

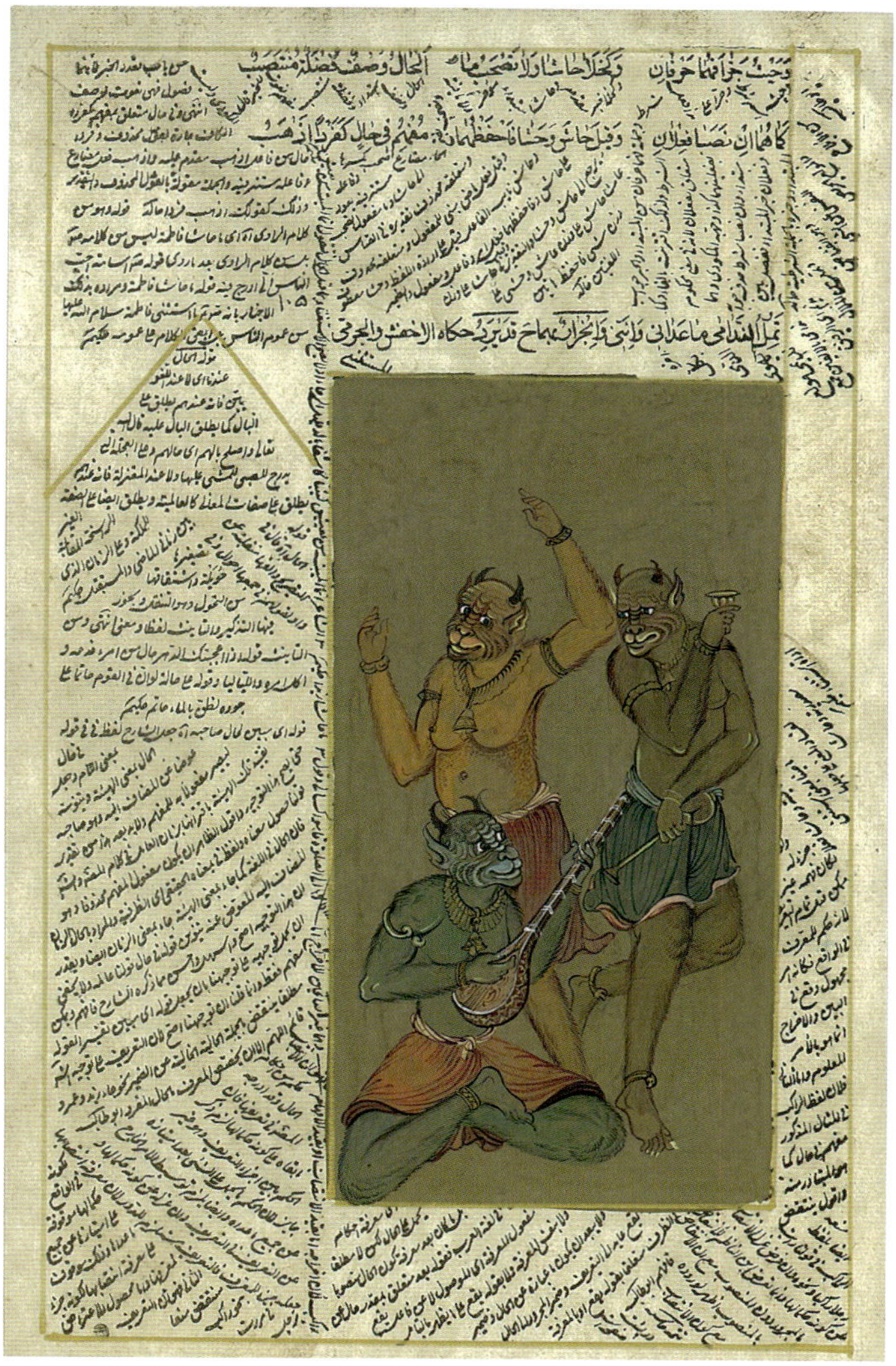

細密画に描かれた鬼。日本と同じように頭に２本の角がある（筆者所有）

イラン系アーリア人が世界で最も美人だと言われている

どこまでも続く土漠

スラブやアラブ、そして西洋に伝わるとデビル、悪魔になってしまった。

ゾロアスター教初期の経典『ガーサー』では、ダエーワを「神」として表現し、理解していたようだ（伊藤義教訳・解説『アヴェスター』）。ペルシャ絨毯に編まれたダエーワは、角がありヒゲをはやして偉そうだが、ひょうきんでもある。

イランの北側にあるアゼルバイジャンで二〇一〇年に発売された切手にもダエーワが描かれている。童話が題材だそうだ。ダエーワと子供は真夜中にどんな話をしているのだろうか。

イランでは鬼として表現されているが、神様としても残存している。それは日本でも同様であり、とても興味深い。

左の細密画には大蛇と戦う男が描かれている。それは『シャー・ナーメ』やペルシャの伝説に登場する英雄ロスタムである。そのロスタムがシームルグという鳥の助けを借りて大蛇を退治している様子だ。シームルグは日本でいう鳳凰《ほうおう》や、手塚治虫の火の鳥、神武天皇の東征を助けたヤタノカラスのようなものである。

ロスタム伝説の竜退治は、日本の出雲神話におけるスサノオがヤマタノオロチを退治した伝説とよく似ている。

下記の興味深い伝説は伊藤義教訳・解説『アヴェスター』から引用した。『アヴェスター』はゾロアスター教の代表的な経典であるが、あくまで、ササン朝時代に編集しなおしたものである。描かれている勇者はロスタムそのものであろう。そして、クリンタ城にいた暴君というダハーカ竜は本当に暴君だったのだろうか。

> 勇者の家門の出スラエータオナ（アースヴャの子）がクリンタ城にいた暴君というダハーカ竜を討ったという。ダハーカ竜は三口あり、三頭あり、六眼あり、千術あり、いとも強く、魔性のドゥルジにして庶類には邪悪な不義者（中略）アンラマンユがつくり出したものであった。
>
> （中略）
>
> そしてスラエータオナの息子であるクルサースパも有角竜を討ったが、これは馬を呑み壮士を呑み、有毒黄色にして槍の高さにまで黄色の毒がその上にたちのぼっていた。

同じく伊藤義教氏の『ゾロアスター研究』によると、以下のように有角竜とダエーワは同じ類のものとして扱ってる。

> クルサースパ（クリシャースプ）は馬を呑む人を呑む有角竜と金色の踵《かかと》をもつダエーワ（デーヴァ）などを討伐した。
>
> クルサースパは中世ではロスタム（ルスタム、Rustam）が彼にとって代わる。

実は、日本のヤマタノオロチ退治伝説をつくった者とイランのロスタム伝説をつくった者は同じ民族だったと思う。もしかしたら同一人物だったかもしれない。そして、このような伝説はなぜか世界中にあるのだ。

民族学者の大林《おおばやし》太良《たりょう》氏は『日本神話の起源』の中で、この物語（ロスタム伝

大蛇と戦うロスタムを描いた細密画（筆者所有）

アゼルバイジャンの切手に描かれたダエーワ（筆者所有）

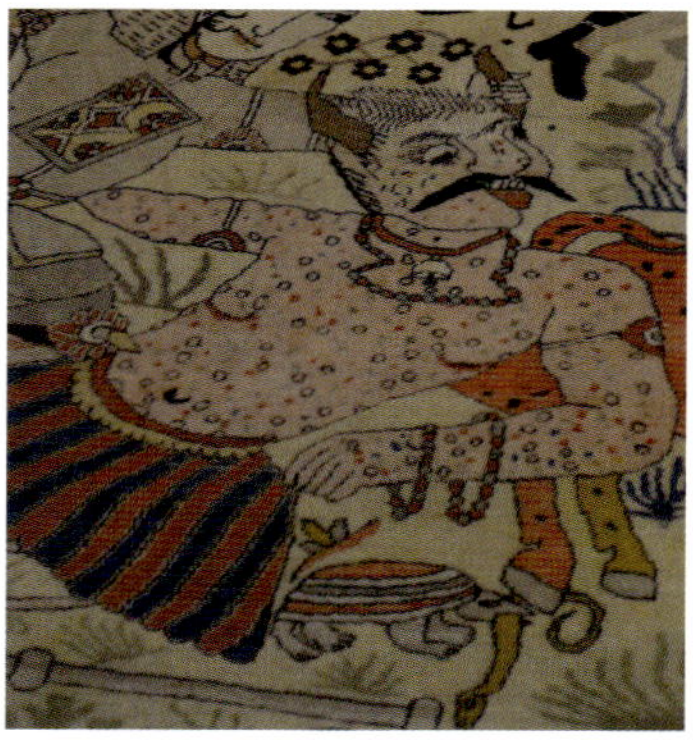

絨毯に織り込まれたダエーワ。とてもユニークに描かれている

イラン国立博物館に展示されていた牛の像。雄牛はかつて神様だった

説やヤマタノオロチ伝説、中国雲南省ハニ族の竜蛇退治物語など）をペルセウス・アンドロメダ型神話に分類した。この類型は、ゼウスの子供であるペルセウスが、鉄の武器で蛇神のメドゥーサを殺し、王女アンドロメダを救ったという有名なギリシャ神話を題材に、英雄が強力な魔物と戦って、姫を救い出すという神話の一つの形を指す。繰り返すが、この類型の物語は、西アフリカ、ヨーロッパのスカンジナビア、スコットランド、日本にまであるという不思議さ。

この同一類型の神話の世界的な分布は、紀元前八〇〇年頃、ユーラシア大陸の西から東へ大きな金属器文化の移動があって、日本まで到達したということとリンクしているのではないか。太平洋戦争以前から、世界中の多くの民族学者が提起し、検証を試みてきたテーマである。いかなる民族によって伝搬されたのか。これは非常に興味深い問題だが、困難すぎて誰も証明することができていない。今でも神話の中にかすかな手がかりを残すだけだと表現しているが、私は確かな確証を持っている（五一頁参照）。

同じ蛇退治で『日本書紀』仁徳天皇六十七年冬の条にある記事も紹介しておきたい。

吉備中国の川嶋河（現在の高梁川か）のあたりに、大虬《みつち》が棲みついて人々を苦しめている。近づくと、毒の息で多くの人が殺されてしまった。笠氏の祖にあたる県守《あがたもり》がこの大蛇を退治した。さらに穴にいる蛇の族《やから》をことごとく斬った。それによって国中に妖気がはりつめたので、天皇は住民の税金を軽くし、徳を施して困窮を救った。これをもって統治はうまくいき、二十年あまり天下は平らになった。

『日本書紀』（岩波書店）の注によると、大虬の解釈は「（前略）ミツチのミは、水。ツは、助詞のノにあたる。チは、霊魂の霊、つまり、水の精霊（後略）」とある。つまり水神である。蛇は水神であり、古代インダス文明の神であると私は判断している。そして、「族」という文字を使用しているから、蛇神を祀る民族がいたことになる。水神を信仰するインダス文明を継承する民族が日本までやってきて、日本文化をなしたのだと私は考えている。

巳年は蛇年であるし、尊敬を表す「御」は「み」とも読む。「み」が蛇のことであると私は思う。

左上の写真は、イラン滞在中に博物館などで多く見かけた三角形の文様の土器である。日本の装飾古墳にも同じ文様が多く見られ、「連続三角紋」と呼ばれている。これが何を意味するのか謎で、日本では多くの研究者が論議している。実は、ペルシャの文様が遊牧民、騎馬民族などによってシルクロード経由し、日本に伝わったのだろう。東洋史学者の岩村忍氏によると、ゾロアスター教徒であったソグド人の商人やスキタイ人などによって伝わったという説がある。東京の国立博物館所蔵の白檀の焼印はソグド文字であることがわかっている。

装飾壁画や縄文土器などにも見られる蕨手文《わらびてもん》と似た文様もイランで多く見か

イラン国立博物館を見学した。左は日本の狛犬そっくりな像、右は連続三角紋の描かれた壺

けた。これも連続三角文と同じような経路で日本に伝わったのだろう。鉄文化の伝搬も彼らによるのかもしれない。

　イランでは、三千年前の彩文土器と呼ばれるものが多く博物館に展示してあった。それが中国でも多く発見されている。三千年前は世界的に温暖な気候であり、今日では砂漠化している中央アジアは、草原が続いていたらしい。深い文化交流が充分可能だったのだ。

　神社にある狛犬とそっくりな像がテヘランの国立博物館に展示されていた。

▼エラム時代

　チョガ・ザンビールという紀元前一二五〇年頃につくられたイランの先住民族であるエラム人の遺跡がある。イラン南部の都市スーサ（現シューシュ）の東にあり、チグリス・ユーフラテス川の東側にあたる。エラム人はシュメールの東側に勢力を広げていた民族である。

　この遺跡は三層構造になっており、一番中央はジッグラトという聖塔になっている。メソポタミアには、いくつかこのジッグラトが残っているようだ。エジプトのピラミッドより歴史が古く、形態も異なるらしい。最上部は天上から降りてきた神から神託を受ける祭壇になっている。この遺跡は墓でもあるし、宝石などの貯蔵場でもあるし、庶民の交流の場でもあったとガイドが説明してくれた。

　エラム人はラピズラズリなど、イラン東部にある宝石の交易ルートを掌握していたらしい。現在は砂漠に囲まれているが、当時は豊かな緑に覆われていた。

　砂漠化の原因は、運河がはりめぐらされ、農業における過剰な灌漑水の利用によって塩害が引き起こされたからだといわれている。常に水をはっていると、塩分を含んだ地下水が毛細管現象によって地表に浮き上がってくるのだ。西アジア全体で起きた乾燥化という気象変動も大きな要因だという説を安田喜憲は『蛇と十字架』で述べている。

　一九七九年、チョガ・ザンビールはイランで最初に世界遺産に登録された。エラムの歴史は現在では原エラム、古エラ

チョガ・ザンビール。1979年にイランではじめて世界遺産に登録された

イラン国立博物館に展示されていた4000年前の青銅製の車輪

ム、中エラム、新エラムと分類され、この遺跡は中エラムの時代のものである。遺跡の北側で発掘された四千年前の青銅の車輪は、現在テヘランの国立歴史博物館に展示されていた。

メソポタミア全体では、シリアのテル・アブ・フレイラ遺跡から一万三千年以上前に穀物を栽培した世界最古の痕跡が発見されている。トルコ・アナトリア高原のチャユヌ遺跡からもおよそ九千年前の麦の栽培の痕跡が発見された。そして数千年後にメソポタミア南部においてシュメール人の手によって大規模な灌漑排水事業が行われるようになった。運河が張り巡らされて、テコを利用した配水技術が確立された。彼らが一年三六五日を十二月に分け、一日を二十四時間とし、一時間を六十分、一分を六十秒としたのである。

ヒッタイト人の製鉄技術

ここで、ヒッタイト人の製鉄技術についても言及しておきたい。

ネコ（根粉）車

人力でおもりの杭を巻き上げ、落下させて鉧を荒割する

鉧（けら）という砂鉄を熱処理して固めたもの。奥出雲の菅谷たたらにて

メソポタミアの北西部にいたヒッタイト人は、先住民族のハッティ人から製鉄技術を得た。そして彼らは、三四〇〇年前頃に、製鉄の際に炭を加えて鉄の中の炭素量を変え、強度を高める「浸炭法」という新技術を開発した。さらに、焼入れ可能な鋼の製造と熱した硬軟の鋼を槌などで叩いて結合する鍛造も行われていた。今日、私達が用いる彫刻刀の刃なども硬軟の鋼を複合している。それにより、従来は祭祀目的だった銅や青銅ではなく、強度の高い鉄の武器ができたのである。実は「フワルナ」とはその鉄の武器だった。ヤマタノオロチのしっぽから見つかった刀も同類だったろう。

日本の「たたら製鉄」もこの浸炭法を採用していた。私は奥出雲で実際に見学したことがある。菅谷たたらにおいては、炉の地下に炭を突き固めた層をつくり、地下からの湿気を遮断するとともに保温も兼ねた。とても複雑な炉の構造をしているが、誰が日本に持ち込んだのかは謎で興味深い。ここでもヤマタノオロチ伝説をつくった者とロスタム伝説をつくった者が同一の民族だったという推測がふくらむ。

余談だが、工事現場で用いられる一輪車のことをネコ車と呼ばれている。語源は、ネコとは根粉であり、砂鉄のことである。たたら製鉄で砂を運ぶ一輪車のことを根粉車と呼んでいたのだろう。私がたたら関係の本を読んでいて、偶然、根粉のことを知った。

『ギルガメシュ叙事詩』の登場

『ギルガメシュ叙事詩』が刻まれた粘土板は、シュメール時代のウルの町などで、多時期にわたって、数多く発見された。人類史で重要な物語の一つであり、メソポタミア文明の大きな研究テーマである。日本においても太平洋戦争以前から研究されていたようである。

まずは『ギルガメシュ叙事詩』のあらすじを紹介する。

メソポタミアはかつて森で覆われていた。森の神様はフンババと呼ばれていた。そしてシュメールのウルクの町にいた初期国王のギルガメシュはフンババを殺してしまう。ギルガメシュは巨大国家をつくるが、それだけでは物足りなかった。死ぬことが恐ろしくて永遠の命を求めた。不老不死の草があるという楽園を求めて旅をする。

以降は重要な箇所にあたる。梅原猛氏の『ギルガメシュ』によると、次のように書かれている。

> どうにか手にするが、帰る途中に「蛇」にそそのかされて持って行かれてしまう。彼は故郷に帰り着いたのちに、森の神様であるフンババを殺したことや、不老不死を求めたことが間違いであったと悟る。死の恐怖、支配から人間が開放されることによって真の意味で光明が訪れることを知らされる。さらに自分には神から課せられた使命があるとも考えた。

後藤光一郎・矢島文夫・杉勇訳『ギルガメシュ叙事詩』（『筑摩世界文学大系1』）によると次のようである。

> ギルガメッシュは水が冷たい泉を見た。彼は水のなかへ降りて行って水浴をした。蛇が草の香に惹きよせられた。[それは水から] 出て来て、草を取った。戻ってくると抜殻を生み出した。そこでギルガメッシュは座って泣いた。

両者に共通する、ギルガメシュが探し求めた末に手にした永遠の命をもたらすという草と「蛇」との関係の記述が重要である。

実際にメソポタミアで発掘調査し、楔形文字の解読も行う日本オリエント学会の月本昭男会長よると、粘土板に楔形文字で記された内容は、ギルガメシュが永遠の命をもたらす草を手にしたあとに泉で水浴びした。そして戻ったら草はなくなっていて蛇の抜け殻だけが傍らにあったという。つまり蛇が永遠の命の草を盗んだとは全く記述していない。そもそも、ギルガメシュは水浴びしていたのだから盗んだ現場を見ておらず、証拠はない。蛇が盗んだのなら、わざわざ抜け殻を置いておく訳がない。蛇の抜け殻だけがあったということがきわめて重要である。

ギルガメシュが永遠の命を探し求めた場所は、ディルムンであったと考えられている。ディルムンの正確な位置はわかっていないが、現在のバーレーンあたりが有力視されている。当時、この地域は湧水に溢れた楽園だったようだ。バーレーンのバールバール神殿にある埋葬塚には、蛇を防腐処理して祀る儀式があって、その蛇の杯が今日でも残存しておりバーレーン国立博物館に収蔵されている（三八頁参照）。ディルムンはインダス文明との交易都市だったが、アッシリアによって破壊されたようだ。カラアトアルバハレーン遺址にて、どくろを巻いたひからびた蛇が発見されている（矢島文夫「イブをだました蛇」）。

残念ながらギルガメッシュ叙事詩が記されたのちも、メソポタミアでは森は破

金属製の武器。木の棒の先にとり付けて相手の頭を一撃した

ひょうきんな副葬品

ラピスラズリの首飾り

壊され続けた。人間は不安から罪の意識も生まれただろう。新たな偉大な神を求めすがろうともしただろう。

再びエラム時代にもどって

写真はラピスラズリの首飾りである。アフガニスタンのバダクシャン高原が主産地である。かつてアフガニスタンはペルシャの一部であった。イランの青い空とあいまって、メソポタミアの人たちにとってラピスラズリの青は憧れだっただろう。実は私もラピスラズリの原石を数点所持している。メソポタミアの人たちは、チグリス・ユーフラテス川の恩恵で農耕を発達させ、食料の安定確保ができた。そうなると人間は欲深くなり、地位、権力そして宝石を求めたのである。

　エラム人はメソポタミアへ宝石を流通させる中継貿易をしていたようだ。奈良県明日香村の高松塚古墳壁画の青の塗料にはアフガニスタンのラピスラズリが使われている（飛鳥資料館の説明）。日本ではラピスラズリの青は瑠璃《るり》として尊重された。青色をした野鳥もルリビタキ、ルリカケスなどがいる。

　写真のようにひょうきんな副葬品も出土する。日本の縄文土偶のようだ。しかし、実際には武器が多く出土する。写真は、棍棒の先に取り付ける鉄製の先端部分だ。間違いなく一撃で即死だ。

　先にも述べたが、縄文時代の遺跡から武器はほとんど出土しない。発掘された人骨も戦争による損傷があるものは、ほとんど発見されていない（石鏃が刺さった人骨なども発見されているが、筆者はこれを戦争によるものだと考えていない）。それは、縄文人は金属器を受け入れなかったからである。

　世界の歴史は戦争、破壊、略奪の歴史の繰り返しだった。何のために戦うのか。権力のためにゲームをしているだけなのだろうか。

　メソポタミアはエジプトのように統一した王朝が継続した歴史ではない。それは、メソポタミアの人たちは死に対する考えがエジプトなどとは異なっていて、死後の世界を信じていなかったからだとガイドから説明された。

繰り返すが、メソポタミア文明が滅んだ大きな要因は灌漑農業による塩害で作物ができなくなったことや、森林伐採によって保水力を失ったために大洪水が起き、水に押し流された大量の土砂によって都市や農地が埋め尽くされたからでもある。それは天罰が落ちたのだろう。支配者は大地の神（蛇をシンボル化）を冒涜していたのではないか。

私はスーサの東に位置するハフトタッペという原エラム時代の遺跡に向かった。タパテアハールという王の墓があった。天井などは瀝青《れきせい》（コールタール）で水がしみ込まないようにしている。すぐ横には二十名ほどの子供の遺骨が埋葬されていた。人身御供（いけにえ）にされたのだというガイドの説明があった。王様は子供が好きだったから連れて行ったのだろうか。日本では縄文時代中期にあたるが、このような行為は全くない。そのあたりが日本の縄文時代の誇りだ。

王の墓の天井はヴォールト型（カマボコ型）をしたアーチ型構造物である。スーサ博物館には甕棺《かめかん》に入れられた人骨があり、屈葬されているものも展示されていた。粘土でできた代用貨幣（ジェトン）が展示してある。

紀元前六四〇年にアッシリアのバニパル王によってスーサの町は焼き払われ、チョガ・ザンビールも破壊されたという。アケメネス朝時代に復興されたが、アレキサンダー大王によってまた破壊される。ササン朝の時代にまた復興されるが、今度はアラブ人によって破壊された。文明とは破壊されるためにあるのだろうか。

そして近代に入り、フランスによって遺跡の調査が開始された。高価なものは国に持ち帰り、ルーブル博物館などに展示してある。持ち帰れないものは壊していった。実はハムラビ法典が刻まれた石棒はここスーサで発見された。なぜここで発見されたのか。

紀元前一七九二年にハムラビ法典をつくったハムラビ王がバビロニア王国をつくった。そして紀元前十二世紀に中エラム時代のシュトルク朝がバビロニアを侵略してハムラビ法典を略奪したのである。

▼キュロス大王の時代

左上の写真はキュロス大王（二世）の霊廟と伝えられている。パサルガダエ（ペルシャ人の土地という意味）という町にあり、彼がアケメネス朝ペルシャの初代王だ。霊廟の中には石棺が安置されている。六段の石積みの上に石でできた小屋があり、切妻の屋根になっている。高さは一〇メートルある。

さきほども少し触れたが、新エラム時代の紀元前六四〇年にエラム人の都市スーサがアッシリア帝国に占領される。そしてキュロス大王が紀元前五五〇年メディア国を征したのち、紀元前五三九年にスーサを攻略して支配下においた。これによってイラン南部はエラム人からペルシャ人（アーリア人）の支配になったのである。

同じく紀元前五三九年には「空中庭園」や「バベルの塔」で知られる新バビ

キュロス大帝の墓。エラム人のジグラトと似ている。サングラスをしているのが私

原エラム語が刻まれた石版

粘土でできた代用貨幣
(ジェトン)

人間と魚が合体したレリーフ。ゾロアスター教の創生期の神話に登場する(伊藤義教による)。ヨーロッパの人魚伝説はここからだと私は思っている

ロニア王国を征服。バビロニアに捕囚されていたユダヤ人を解放したのである。『旧約聖書』に記されたこのユダヤ人の「バビロン虜囚《ほしゅう》」からの開放はきわめて有名な歴史である。

　パサルガダエの平原にはキュロス大王の宮殿跡がある。キュロス大王のレリーフがあった。頭には先住民族の象徴である蛇を掲げているし、着ている服はエラム人の服なのだそうだ。アーリア人であるキュロス大王は、ほかの民族の信仰を認め、寛大だったという。キュロス大王の軍事要塞も残存しており、見学した。基礎石の金の楔《くさび》は、フランス人が持ち去ってしまったそうだ。それにしてもキュロスが要塞の基礎石に金の楔を用いたことには閉口する。

　アケメネス朝ペルシャの創設者であるキュロス大帝が紀元前五三九年に新バビロニア王国を征服して捕囚されていた多くのユダヤ人を解放した。『旧約聖書』には「キュロス大帝はユダのエルサレムにイスラエルの神ヤハウェの宮を建てる

がよい」と書かれている。

　私はシューシュで聖ダニエル廟を見学した。ダニエルは有名な預言者ソロモンの孫の子であり、彼もバビロンにて捕囚されていた。そして、この地で亡くなって大切に祀られている。イランがユダヤ人のダニエルを大切に祀っているという現実を西洋諸国は知らなくてはならない。

　「ユダヤ人を解放する」ということは、「彼らが住む場所を保障する」ということでなければならない。キュロス大帝はエルサレムにユダヤ教の神殿をつくることを許可した。しかし、実際は困難であったことを「イザヤ書」四十五章一節には記している。

ペルセポリスの丘に立って

　キュロス大王がイランの東北部での異民族との戦いで殺害され、息子のカンピュセス二世の代では、神官が王位を簒奪しようとする事件が起こった。それを鎮圧したダレイオス一世がアケメネス朝ペルシャの継承者として君臨した。彼がペルセポリスの丘に宮殿を建てたのである。

　ペルセポリスとはギリシャ人が名づけたもので、「ペルシャ人の都」という意味だ。イランの人はタフテジャムシードと呼んでいる。東西三〇〇メートル、南北四〇〇メートル高さ一三メートルの基壇の上に宮殿があった。基壇の石の一つが二〇トンもあり、基壇の工事だけで六十年かかったという。その基壇の上に多くの宮殿がそびえていた。ちなみに、ギリシャのパルテノン神殿の基盤は六九・五メートル×三〇・九メートルである。

　ペルセポリスの近くにあったナグシェロスタムという遺跡の岸壁に碑文が刻まれている。それによると「ゾロアスター教の教祖であるアブラマズダ様が私を支援してくださった」とある。ガイドの説明によるとダレイオス一世の言葉だそうだ。

　アパダーナ（謁見の間）の基壇の側面には属国が朝貢する様子がレリーフで描かれている。各国の衣装や貢物が個性的で興味深い。当時のペルシャの圧倒的な権力が実感できる。この朝貢はノウルーズというイラン暦の元日に行われる。春分の日にあたり、二週間ほど祭をするのだ。遺跡の階段に描かれたエチオピア人はさすがに肌が黒い。スキタイ人は尖った帽子をかぶっている。インド人はスパイスの入った籠をもっている。スーサ人はライオンを連れている。メディア人は蛇の好物である卵を献上している（メディア人はエラム国時代のあと、アケメネス朝の前の紀元前六〇〇年頃のイランを支配していた）。

　レリーフの中には、戦うための盾をもっている人もいる。私は現地の人に「ウンチェ」と尋ねる。「これは何ですか」という意味だ。現地の人は「セパールだ」と教えてくれた。盾のことをセパールと呼ぶようだ。行列の先頭に立つペルシャ人は「ハスの花」を持っている。仏教におけるハスの花との関係があるのかもしれない。

　ペルセポリス宮殿跡の正門近くには、クセルクセス門という巨大な門があった。ほかの国をすべて支配するという意味で、一般に「万国の門」と呼ばれている。現

ペルセポリスの遺跡。アケメネス朝ペルシャの都で、ダレイオス１世がこの地に宮殿を建設した。100本の柱の並ぶ百柱の間や万国の門（クセルクセス門）、ダレイオス１世の宮殿などがあり、謁見の間に通じる階段に描かれた、朝貢する属国の使者を描いたレリーフは有名

在は高さ一〇メートルの石柱などが残っている。

　クセルクセス門をつくったのはダレイオス一世の息子であるクセルクセスである。彼は決していい国王ではなかった。ダレイオス一世は諸国の信仰に寛大だったのに対し、クセルクセスはそれを許さなかった。彼は「ダイワ（ダエーワ）崇拝禁止令」を出し、諸国に対してアフラマズダのみを信仰することを強制したのである。そのことを証明する石版がファールス州ペルセポリスで発見された。石灰岩でできた五三センチ×五二センチ×一〇センチのものでテヘランの国立博物館に展示されていた。

　私は二〇〇七年五月に福岡市博物館にて催された「ペルシャ文明展」でもこの石盤を実際に見て衝撃を受けた。かつて神であったダエーワを悪魔として扱おうとしたのである。

宮殿は廃墟と化した

　ペルセポリスは宮殿群の遺跡で、現在

ダレイオス１世のレリーフ

クセルクセス１世が建設した万国の門（東側）。人面有翼神像のレリーフが施されており、とても迫力がある

双頭のグリフォン。もとは大黒柱で、その上に梁を載せた。双頭のグリフォンはイラン航空のシンボルマーク

万国の門（西側）。雄々しい牡牛のレリーフだが、残念ながら顔の部分が削られている

も残る基盤と柱などの上には、レバノン杉の梁がのせられた立派な宮殿だった。いったい誰が破壊したのか。それは、有名なアレクサンダー大王だ。紀元前三三一年、彼が二十五歳のときである。しかし、彼はたったの三十三歳の生涯だった。

アレクサンダーはギリシャの小国マケドニアの王であった。彼の家庭教師は有名な哲学者アリストテレス（プラトンの弟子）だった。そして、プラトンの先生はペルシャのゾロアスター教の司祭（マゴイ、マギ）であった。

アレクサンダーはペルセポリス宮殿で二カ月間過ごし、金銀宝石をすべて持ち帰ったそうだ。ガイドの話では、持ち帰るのに一万頭の騎馬と五千頭のラクダを要したという。

私はペルセポリスの丘に立ってアレクサンダーが金銀財宝に囲まれて宴会している様子を思い浮かべた。私は三十分ぐらいその場で夢の中にいた。アレクサンダーがペルシャになぜ勝利できたのか。一言でいってしまえば、彼が勇敢であったことと、ペルシャの指揮官であった国

アルダシール１世がアブラマツダ神から光環を授けられている様子（ササン朝ペルシャの時代）

アルダシール１世の孫ナルセー王（左）がアナヒータ（右）から光環を授けられている様子

王のダレイオス三世がだらしなかったからである。イッソスの戦いに敗れた彼は、妻子は捕虜にされたのにもかかわらず、自分だけ逃げてしまったのだ。ペルシャがいかに強大であろうとも指導者がだらしなかったら、国はすぐ亡んでしまう。ダレイオス三世の父親であるクセルクセスも国王には不適だった。万国の門など、大規模建設事業を行い、国力が衰えるきっかけをつくっている。

イランではアレキサンダーのことをエスキャンダルゴジャンテ（呪われたアレキサンダー）と呼んでいる。しかし、アレキサンダー大王はペルシャの民衆に対しては寛大であったようだ。彼によって小アジアを含めた支配が確立し、ギリシャ人によって七十年間ペルシャは支配されることになった。

それからのちに、イラン北部にいた遊牧民のパルニ人によって建てられたパルティア国がおよそ五百年間もイランを統治した。パルティア国は平和な国であったらしい。自らをアケメネス朝の後継者としてゾロアスター教を堅持する一方で、ほかの信仰に対しても寛大だったそうだ。ミトラス教に戻っていこうとする人たちも保護したという記録が残っている。

ササン朝ペルシャの時代

ササン朝になると、農業を基本とした階級社会となり、ゾロアスター教を国教としてイラン地域を一つにまとめあげた。

有名な二つのレリーフを紹介したい。まず左上の写真はナグシェラジャブという遺跡にあるレリーフである。左側の馬上にいるのがササン朝ペルシャを建国したアルダシール一世。馬に踏みつけられているのがパルティア国の最後の国王である。アルダシール一世は二二六年にパルティア国を滅ぼし、彼もまた自らがアケメネス朝ペルシャの後継者だと宣言した。人間はどうして戦争や略奪が好きなのだろうか。退屈でほかにすることがないのだろうか。

右側の馬に乗っているのがコーランに登場するアフリーマンという悪神を踏み

アケメネス朝初期のゾロアスター教の神殿といわれているが、詳しいことはわかっていない。私はゾロアスター教の学術書が納められていたという説を支持する。戦乱によってアラブ人などに焼き払われてしまった

ペルセポリスに残るゾロアスター教の守護精霊プラヴァシのレリーフ。中央の人物がアブラマツダ神と考えられ、手には光環（フワルナ）が握られている

つけたアブラマズダ神である。左のアルダシール一世が右のアブラマズダ神から光環（フワルナ）を授けられている様子だ。

　そして前頁右上の写真は、アルダシールの孫のナルセー王（左側）がアナヒータ（右側）から光環（フワルナ）を授かっている様子である。アナヒータはゾロアスター教における水の神である。アブラマズダを主神とするゾロアスター教の系統である。太陽神ミトラを主神とするミトラス教などが時代ごとに変化し、絡まっていて、私が論ずるのはむずかしい。

　フワルナだけは常に権力のシンボルのように描かれていた。バビロニアのハムラビ王が太陽神であるシャマシュから「杖と輪」を授かっている様子を彫った石盤がある。ここでも「輪＝フワルナ」は支配を象徴するものとして彫られている。このフワルナは、元来アブラマズダをシンボル化したものだともいえる。仏教やキリスト教の「光背」、「後光」、「後輪」、「頭光」なども、フワルナが関係しているかもしれない。

　アブラマズダの精神的、哲学的な教えで最も大切なものは「アチェ」というものである。インドに渡って「リタ」になり中国に渡ると「天則《てんそく》」と訳された。日本では「真理」であろうか。『大辞林』（三省堂）では「天地自然の法則。天理」となっている。

▼ウロボロスからフワルナへ

　フワルナは鉄文明の象徴だと私は思う。現在の私たちは、その鉄文明の恩恵にたっぷりとあずかっている。実はオリンピックの五輪の輪はフワルナが源流である。フワルナはゾロアスター教の原点であり、鉄のシンボルでもあり、武器でもあると私は解釈している（五二頁参照）。

　ゾロアスター教の百科事典ともいえる『デーンカルド』には以下のような記述がある。

　して、かれら（もろもろの）蛇はその木の上をかれら（ヒナ）の方に走ったが、ザルドゥシュトのフラワフ

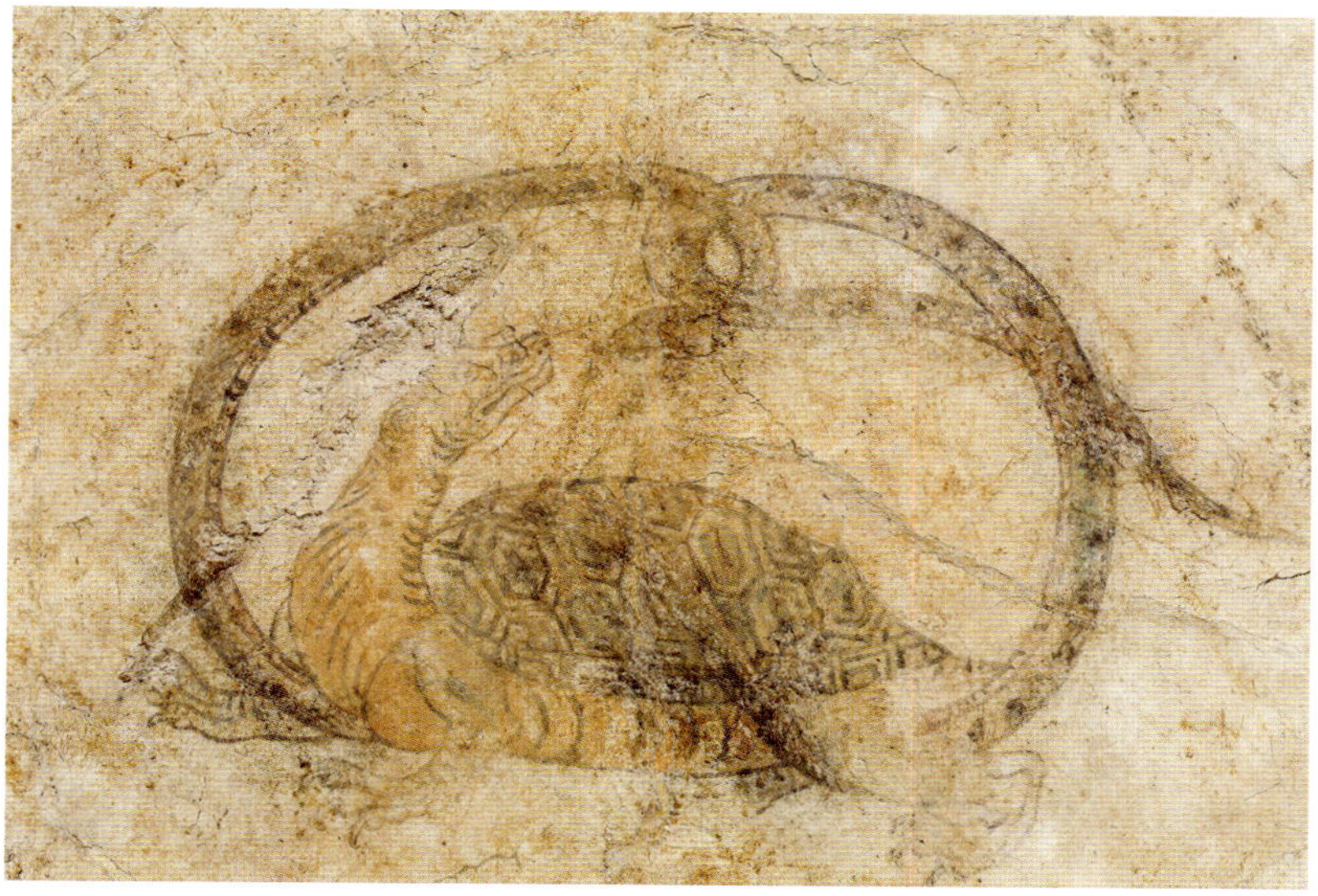

キトラ古墳には四神が描かれている。それぞれが守護する方位に対応しており、青龍が東壁に、白虎が西壁に、朱雀が南壁に、玄武が北壁に描かれている。玄武は亀とヘビが合体した像で描かれ、その姿はまるでウロボロスのように見える。そして、ヘビが「輪」の形をしていることが重要である。決してヘビが自らの尻尾をくわえこんでいるわけでも、２匹の蛇がお互いの尻尾をくわえこんでいるわけでもない。そのような変形したウロボロスが世界中に散見するが、本来のものではない（奈良文化財研究所提供）

ル――それが（蛇の）口を打ったので蛇（ども）は落ちて死んだ。
（伊藤義教『ゾロアスター研究』「デーンカルド」第七巻二章）

鳥のヒナを巣の上に戻すと、蛇は獲物（ヒナ）を狙ってヒナの方に向かっていったが、ザルツシュトラの光環（フワルナ）が蛇の口を打ち、蛇は死んでしまったとなっている。

フワルナは鉄の武器であり、戦勝の栄光のシンボルでもあったのである。「溶鉱炉の溶鉱という文字をアヴェスターにたびたび見いだせる」（伊藤義教前掲書）とある。

そして自然崇拝（アミニズム）の象徴であるウロボロスが入れ替わったものがフワルナだと私は思う。ドイツの児童文学作家ミヒャエルエンデはウロボロスのことを「アウリン」と称して『はてしない物語』に登場させている。

七世紀後半のキトラ古墳は、高市皇子《たけちのみこ》の墓だといわれている。父親は天武天皇で母親は宗像海人族の首領であった徳善の娘、尼子娘である。キトラ古墳の北側を守るために壁に描かれたものが玄武である。はっきりいって、玄武の源流はウロボロスそのものである。イランからインドあたりで発生したウロボロスが七世紀後半の日本に玄武として存在しているのである

ササン朝ペルシャの時代にもどって

ササン朝ペルシャの時代になるとエラム人はネズミのような顔で描かれている。先住民族はネズミ扱いなのだ。『ゾロアスター研究』よると、「エラム人はアブラマズダを崇めなかった。よって彼らをことごとく処置した」とある。

次頁の写真はナクシェ・ロスタムという遺跡にあったものだ。馬上で君臨しているのがアルダシール一世の王子であるシャープール一世である。彼は二六〇年のエデッサの戦いでローマ帝国軍に勝利している。レリーフでは、捕虜にしたローマ皇帝ヴァレリアヌスが片膝をついて

馬上のシャプール１世と跪くヴァレリアヌス帝

ササン朝時代のレリーフに描かれたエラム人はネズミのような顔をしている

許しを乞うている。吊るされているのは、ローマ皇帝フィリップスだとされている。

ここで重要なことは当時のローマ帝国がどのような政治をしていたかである。かなりきびしい奴隷制であったという。私は実際にローマへ行って検証しなければならないと考えている。私の次の旅はギリシャとローマかもしれない。ちなみに、当時のローマはキリスト教国ではなかった。国教になったのは三八〇年である。

キリストが馬小屋で生まれたとき、流れ星に従ってベツレヘムまで会いに来た東方の三博士（賢者、マギ、マゴイ）はゾロアスター教の祭司であったと私は確信している。この歴史は『新約聖書』の「マタイ福音書」に記されている。日本でも、教会のクリスマス会などで催されるキリスト生誕の劇で三博士が登場する。私は学生時代に教会の劇に参加したことがある。実は三人の博士の墓がテヘラン近郊の都市レイにあったのだ。

レイは、かつてラガと呼ばれたペルシャの中心都市で、ゾロアスター教の聖地であり、大司教の所在地でもあった（足利惇氏《あつうじ》『ペルシア宗教思想』）。教祖のザルツシュトラの出生地でもある。古代中国では「黎軒《れいけん》」や「黎鞬《れいけん》」と呼ばれ、ペルシャの聖地として知られていた。マルコポーロも三博士のお墓を訪れている。『東方見聞録』では、当時のレイはサバと呼ばれていたようだ。マルコポーロいわく「大きく美しい三つの墓は、それぞれ入念につくられた矩形の屋根に覆われている。死骸はまだ完全に保存され、髪も髭もつけている。私（マルコポーロ殿）はこの町の人々に三人の王について何度も尋ねたが、これについては、かつて三人の王がいてそこに葬られたということ以外に、何か語ることのできる者を見いだせなかった」。今日では、なぜかドイツのケルン大聖堂に黄金の棺に三博士の遺骨が納められているそうだ。

写真はササン朝時代の王族の墓である。絶壁にあり、一見すると盗掘されないような場所だが、すぐに盗掘されたらしい。十字をしていて、ゾロアスター教の四元素（火・空気・水・土）を表している。

カナートの水汲み場も十字になっている

十字の形をした王族の墓の入口

万物の構成要素であり、当時の自然哲学の基本である。オアシスにあった湧水の取水場所も十字になっている。実は十字はゾロアスター教のシンボルでもある。ゾロアスター教のシンボルの十字は、ギリシャ十字と呼ばれ、教会などで見かけるラテン十字とはタテ、ヨコの比率が異なる。

ササン朝ペルシャは繁栄し、アラブ人の侵略を受ける

六一〇年から六年間にササン朝ペルシャは西進してコンスタンチノープル、ダマスカス、ガザ、エルサレム、そしてエジプトを征服する。

そして、七世紀にはマホメットによりイスラム教が興る。イスラム教徒のアラブ人は、コーランと剣を持ってイランから中央アジアまで侵攻した。

六三六年カーディシーヤの戦いでササン朝ペルシャの軍に勝利した。それによって、ペルシャ人が信仰していたゾロアスター教やキリスト教などの書物を焼き払い、強制的にイスラム信仰を押し付け、イスラム教でない者には高い税金をかけた。そこで多くのペルシャ人が東へ亡命したのである。そして、飛鳥時代の日本にも多く渡来していた。『日本書紀』の斉明天皇三年七月、五年三月、六年七月、孝徳天皇五年四月、天武天皇四年一月などに記述されている。そして、ゾロアスター教の影響を受けた東の端の寺院として、東大寺ができたという説もある。

東大寺のお水取りは大仏開眼と同じ七五二年にはじまり、以降一二二六回も絶えることもなく続いている。実はその源流と思われる祭が、イランで今日でも行われているノウルーズの祭である。お水取りの行事をはじめた実忠《じっちゅう》和尚はイラン人だともいわれている（伊藤義教『ペルシャ文化渡来考』）。『東大寺お水取り』（堀池春峰ほか著）の中で井上靖は、アフガニスタンでゾロアスター教の拝火殿跡などを見学し、東大寺のお水取りとの関係は間違いないと述べている。

私はイラン旅行中にカナート（カレーズ）という水利施設を見学した。山間部

から引いた水を半地下の水路を通し、農業・生活用水として利用している。

まず、地下水層に達する井戸を掘り、適度な距離をおいてまた井戸を掘る。そこから横穴を掘って、二つの井戸をつなぐのだ。この作業を繰り返し、井戸をつなぐ横穴は地下水路として縦横に張り巡らされた。この地下水路により農業の基盤ができ、生産力が向上したのだ。そのカナートから水を畑に引く年初めの儀式がノウルーズである。丘の上のゾロアスター教の神殿まで松明を灯しながら登り、そして神殿に火を灯したのだ。このゾロアスター教の代表的な儀式が、奈良の東大寺でもお水取りの源流である。

日本の飛鳥時代、白鳳時代に多く見られる唐草文様やパルメット紋、法隆寺の柱などに使われているエンタシスと呼ばれる形は、ペルシャを通じて日本に伝わったことが中学校の社会の教科書に記されていた。正倉院の白瑠璃碗はペルシャ製切子ガラスとして有名である。宗像市の沖ノ島から出土したガラス製品もペルシャからの渡来品らしい。以上から、ペルシャの儀式が日本に伝わったと考えてもおかしくはない。

十九世紀になると、ロシア帝国が中央アジア・イランへ南下政策をとった。一八〇四年のイラン・ロシア戦争において は、ジョージア（旧国名グルジア）とアゼルバイジャンと東アルメニアを略奪した。そして、一八二八年には不平等条約を調印させられた。それによって、たった五十年でイランは三三万平方メートルの土地を略奪されたのだ。当時のイランはまだ騎馬で戦争をするというレベルだったそうだ。

現在のイランを見て歩いた

イランの公式の国名はイランイスラム共和国である。しかしイランは元来、イスラム教徒だけではなかったし、現在もゾロアスター教徒やキリスト教徒もいる。人口は二〇一六年時点で八千万人。

イランの国旗の赤色は勇気を表しているそうだ。そして、真ん中に三日月刀とサーベルが描かれている。街中はゴミが少なくて清潔である。

テヘランのバザール（市場）を案内してくれたガイドさんいわく。「ここの広場は公開処刑が行なわれる場所です」私たちは沈黙した。テヘランは人口が二千万人以上もあって政治経済の中心である。しかし権力者と付属する者、はみ出された者もいる町でもある。ぶらりと観光するには不向きかもしれない。

テヘランのバザールにも多くの貧困層がいた。しかし、彼らはみんな立っていて、ささやかなものを売ろうとする。座りこんでいる乞食はいない。そこがイランの力強さだと思った。このことも、今回私がイラン旅行で感動したことの一つでもある。

テヘランの中央銀行にある宝物館には世界最大のピンクダイヤモンドなどが展示されていた。一七三六年にアフシャール朝の初代君主ナーディル・シャーがインドに侵略戦争をしかけ、略奪したものだそうだ。

二〇一八年になってイランをとりまく政治情勢はきびしい。シーア派中心のイランとスンニ派中心のサウジアラビアなどと対立が激しくなっている。アメリカはイランの石油輸出を禁止しようとしている。イスラエルとの関係が複雑に絡んでいるようだ。

　多くの困難と壮大な歴史の上にある国イランを私がたった十三日間の旅だけで整理することなどできるはずはない。しかし、松本清張の『点と線』ではないがいくつかの点を拾い集めて線となし、面をつくり立体化して四次元、五次元へと進めていかなくてはならない。そしてイラン旅行においても強引に短期間にまとめて私としてのアイデンティティの一つにしなくてはならないのだ。

誇り高いスリナム（イスラム教徒）の男性

　エスファファンのハージュ橋では、イランの詩人ハーフェズの詩を若者が詠っていた。イラン人は詩人が多いそうだ。ハーフェズは恋愛の詩集を多くつくり、ドイツの詩人ゲーテに過大な影響を与えた人物らしい。私は若者にいった。

「あなたはシャーエ（イラン語で詩人の意）ですね」

　公園では女子高生たちが輪をつくってくつろいでいる。写真を撮らせてもらおうとすると、

「Can you speak English ?」

　現在の学生たちは英語を習っているようで、英語でコミュニケーションをとろうとしていた。しかし、今現在は不明だ。年配者に対しての英会話はむずかしい。

　イランでは法律によりアルコールやポルノは禁止されている。インターネットの規制も厳しく、グーグルは使えない。フェイスブックもツイッターもできない。

　エスファファンのハージュ橋がかかるザーヤンデ川には、現在水がない。上流にダムができて、農業用水を優先しているからだ。かつて、チンギスハンのモンゴル帝国は中央アジアのオアシス都市を破壊するために、上流の川を堰き止めて流れを変えたという。カナートを破壊されたこともあった。その教訓も関係しているだろう。

　シーア派の聖地であるゴムの町にあるハズラテ・マアスーメ聖廟を訪れた。ここではトニタニーさんにガイドしてもらった。「ようこそいらっしゃいました」といわれるので、私はイラン語で「ハーヘシュミコナム」といった。「どういたしまして」という意味だ。

　マアスーメ聖廟はドーム天井から壁にかけて繊細な細工がなされていて、壮麗

エスファファンのバザールの様子

でみごとである。祈りをささげる人々。窓から陽光がさしこみ幻想的なノスタルジーも感じる。日本から東南アジア、インドにかけては雨が多いモンスーン気候である。しかし、ここイランは乾燥したペルシャンブルーの世界である。

男性は目の彫りが深くて一見、鋭くてきつく感じる。女性はスカーフなどで髪や顔、体を覆い隠しているが、これをヘジャブという。イランでは、顔をのぞいて頭から全身を覆う黒いチャドルを着た女性も多く、イスラム世界を象徴する服装だ。しかし、チャドルの下はジーパンの方も多いそうだ。スカーフで髪だけを隠す女性は、若いほど、都市に近づくほど多くなっている。外国の女性旅行者もスカーフで髪は隠さなければならない。

エスファファンが最高の観光地

イランへ観光旅行するなら最初にエスファファンに行くべきだ。イランの真珠ともいわる古都で、日本でいう京都や奈良にあたる。サファヴィー朝中興の祖といわれる第五代国王アッバース一世が建設した都で、サファヴィー朝の栄華の象徴である。

エスファファンのシンボルともいえるのがエマーム広場である。五一〇メートル×一六三メートルの広大な広場は世界最大級である。アッパーズ一世が一五九八年に首都をエスファファンに移す。新しい都市計画のもとで市街を建設するとき、その中心にこの広場を置いた。広場の周辺はバザールが広がっていて見ごたえがある。この広場に一週間ぐらいいてもいいと思った。

エマーム広場のバザールは旅行者にとって安全な感じがした。店の人は「ワルカムワルカム（いらっしゃい、いらっしゃい）」といってくれる。

薄暗いが、にぎやかで活気がある。このバザールを歩いていると迷宮の中をさまよっている感覚に陥ってしまう。バザールの中には「チャイハーネ」という喫茶店が多くあり、人々は紅茶と大型の急須のような「グーリー」から出る煙を吸う「水タバコ」をたしなんでいる。デザインされたカーペットの縁台に座って、水タバコを吸えばペルシャの世界にいることを実感できるかもしれない。

次頁の写真は隊商宿、キャラバンサライだ。現地語では「サライエモシール」という。昔、車がない頃の旅人や商人た

ハズラテ・マアスーメ聖廟の天井に施された美しい模様。シーア派12イマーム派の第８代イマーム（最高指導者）、エマーム・レザーの妹ハズラテ・マアスーメがこの地で亡くなったため、サファヴィー朝のアッバース１世らによってモスクが建設された。

ちの宿である。写真の宿はデシュール村にあり、サファヴィー朝の時代に建てられたものだ。上のほうには空洞があり、盗賊の襲撃があったときに迎撃するためのものだ。よって隊商宿は城塞（現地では「アルゲ」と呼ぶ）でもある。

デシュール村で写真を撮っていたら乾草を積んだトラックがマイク放送しながらやってきた。家庭で余ったパンなどと塩を交換するものだ。余ったパンなどは家畜の飼料にされる。日本でいうならば、ちり紙交換である。ナマッキーと呼ばれている。

私が今回のイラン旅行で反省すべきチェックポイントは、空港で手にしたチケットの内容の確認、寝るときに冷房の調節、パスポートの保管、人ごみを歩くときは注意する、子供たちへのプレゼントの仕方は注意して場所によって判断しなくてはいけない。空港では写真を撮ってはいけない。機内での会話は慎むことなどであっただろうか。

本書のイラン編においても蛇信仰に関

ひょっとしたら……

永遠とつづく砂漠……
灼熱の大地　強烈な日差し……はてしない土漠……
草原で群れる羊たち……
そして点々としてオアシス都市が現れる
私はなぜここにいるのだ……　私は旅人なんかじゃない……
はてしなくつづく一本道……
ここが私のふるさとであったという錯覚が起きる
ずっと昔からここにいたような……
ずっとこれからも　ここで生活するのだ……
日本での生活は幻であったような……
日本での生活は遠い昔の幻影だったのだ……

空と大地がひとつになって
私を引き寄せる
思いだすのだ……
おまえは昔　ここにいたのだ……
ここがおまえのふるさとなのだ……

迷路のような通路が縦横無尽に続く
バザールで、さまよう人々
私も溶け込む
人ごみに身を預けて
ただ流されて行く
ゆらゆらとさまよう

しては多く考察したつもりだが、藪蛇《やぶへび》にだけはなりたくない。藪蛇とは余計なことをして悪い結果になることであり、寝ている子供を起こすようなものかもしれない。

エスファファンのホテルで女子中学生のパリアちゃんにプレゼントすると意気投合して私にラブレターを書いてくれた。

ギリシャ神話の世界

私はまだギリシャへ旅したことはない。しかし、私の歴史研究において、終着点のようにも思えている。ギリシャ人を母に持つラフカディオ・ハーンは『神国日本』において「日本の思想やまた情緒を分け持つことは、あたかも時の流れに溯って古代ギリシャのどこかの都市での消滅した生活の共有（下略）」とある。

ギリシャ神話第一巻第六章に以下のような記述がある。

大地（ゲー、大地母神）は鉄器を乱用

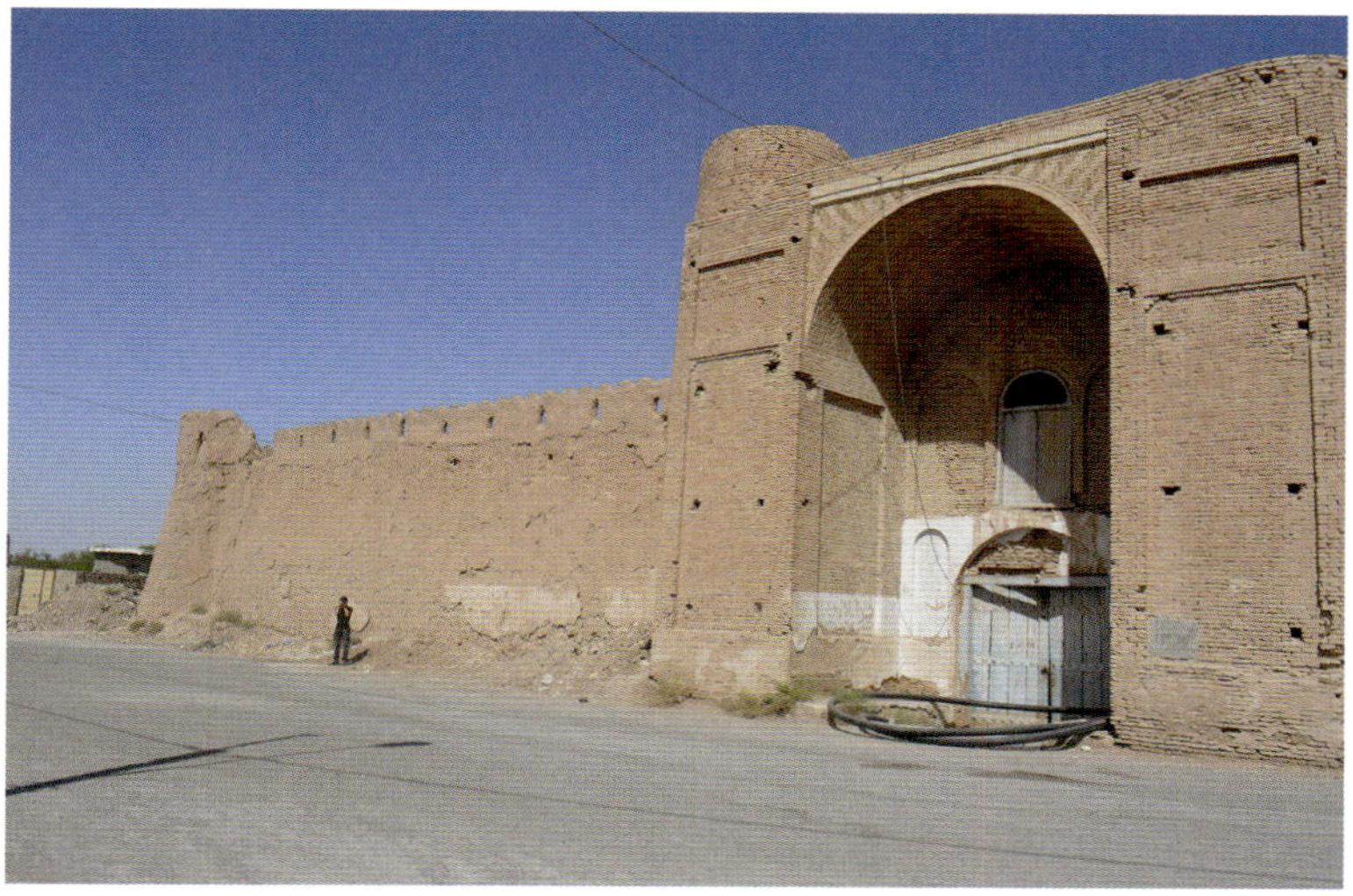

キャラバンサライ

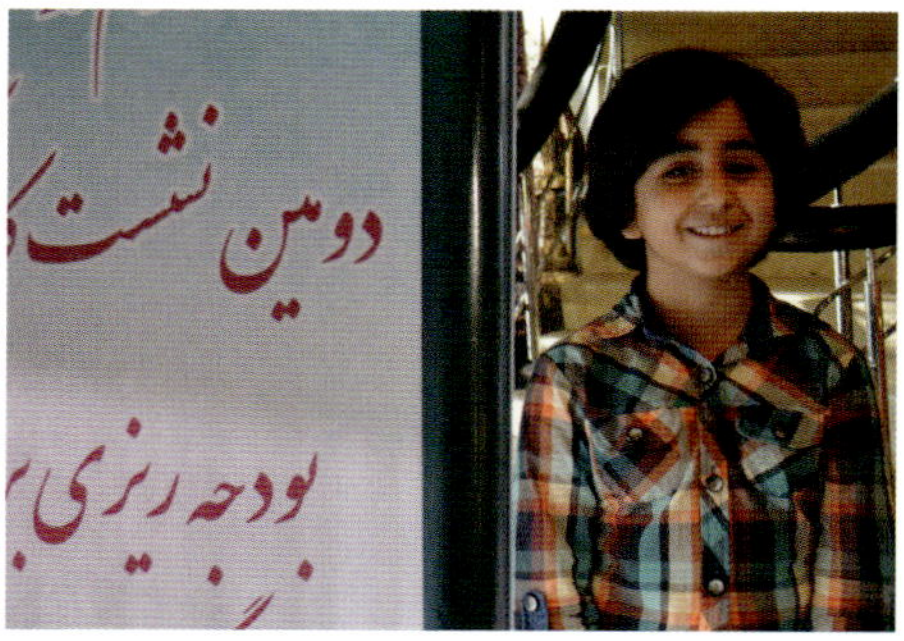

イランの少年

エスファファンで知り合った中学生のパリアちゃんが書いてくれた

するゼウスに対して怒り、テューポーンを生んだ。テューポーン（蛇神、青銅器文化と密接に関わる）はゼウス（オリンポスの神々の王）と闘う。ゼウスは遠方から雷霆《らいてい》を撃ち、金剛の鎌でもってテューポーンをカシオス山まで迫った。しかしテューポンはとぐろを巻いてゼウスをしっかりとつかみ、鎌を奪ってコリューキオンの岩穴に押し籠めた。しかし、ヘルメースとアイギパーンの手引でゼウスは脱走し、テューポーンを再び追い詰める。テューポーンは運命の女神たちに騙され、さらに力を得ると言われて食べた実が「無常の果実」で力を失ってしまう。ゼウスはシシリーのエトナ山をテューポーンの頭上に投げつけた。それによって今日でもエトナ山は火が噴きあがっている。

　さらに第一巻第七章には次のように書かれている。

　プロメーテウスは人間に火を与えてゼウスの怒りをかい、鍛冶職人のへーパイストスによって、カウカサス山に幽閉され、釘付けにされた。その山でプロメーテウスは不死の鷲に肝臓を食われていた。しかし、のちになってゼウスはヘーラクレースに命じてプロメーテウスを鷲から救出するように指示する。

　私は、ゼウスがプロメーテウスに対して幽閉と救出という二つの異なる行動をとったことを不可解に感じている。ここで重要なことは、プロメーテウスの肝臓を食っていた不死の鷲はテューポーンから生まれた神だということだ。

　実は、プロメーテウスの罪は人間に火を教えたことではなく、製鉄技術を鍛冶職人のへーパイストスから盗み出して広めてしまったことだったと私は解釈している。

　シュメールの創世叙事詩「エヌマ・エリシュ」には、冥界の川の渡し船の番人フブルから生まれた七支の大蛇のことが書かれている（『筑摩世界文学大系1』）。シュメール、バビロニアの人々が残した七支の大蛇のイメージは、石上神宮の七支刀に変化して日本に伝わっているのだろう。七邪神であるが日本では七福神としても変化したのだと私は思う。

地底の蛇神シャフメラン

トルコ映画の「沈黙の夜」（レイス・チェリッキ監督）でシャフメラン（シャーマラン）の神話を知った。シャーとは王様のこと。メラ（イランではマラ）とは蛇のことで、マランとは蛇の複数形。つまり、蛇の女王の意である。中央アジアからトルコ、イラン、シリアあたりでは有名な蛇神話らしい。人面蛇身の姿を持ち、ギリシャ神話に登場するラミアーと同系列のようだ。同じ神話に登場するケルベロスやキマイラとの関係もあるだろう。古代中国の女禍《じょか》、共工《きょうこう》、燭竜《しょくりゅう》も人身蛇神である。女性の守り神として、シャフメランをモチーフにしたペンダント、絵画、刺繍など多くの商品がシリアの難民キャンプなどでも販売されている。二〇一七年三月には、トルコのアニ遺跡から十一世紀頃のシャフメランのレリーフが発見された。実は一三一頁などで紹介したウロボロスの原型だと私は想定している。神話、民話、伝承は数多くあり、『千夜一夜物語』などにも語られている。映画「沈黙の夜」では以下のようにシャフメランの物語が語られていた。

トルコのアニ遺跡から発掘された約1000年前のシャフメランのレリーフ（トルコ大使館提供）。ヘビ、女性、ライオンの３つの要素を兼ね備えた姿で描かれている

　カムサップは蟻さえ殺せない男だった。そんな彼を村人たちは山に連れていき穴底に突き落としてしまう。カムサップが地底でさ迷っていると、ある光を発見した。そこにたどり着くと立派な王座があり、蛇神シャフメランが座っていた。彼女はいう。「私はあなたがここにたどり着くことを知っていました」。シャフメランは美しく、そして腰から下は蛇だった。カムサップは震え上がった。

　やがて二人は愛しあい、二人は結婚した。しかし、カムサップは地上が恋しくなり、地上に戻ってしまう。シャフメランはカムサップにいう。「一つだけ約束をして。地底のことは誰にも話さないで」。カムサップは約束をして村に戻った。

　しばらくして国の王様が重い病になった。どんな薬も効かない。救うには蛇神シャフメランの肉を食べるしかないと知り、その居場所を知っている者を探し出すことになった。探し出す方法は簡単だった。国中の人間に水をかけたらいい。シャフメランの居場所を知る人間は蛇のウロコが浮き上がるからだ。カムサップは捕まり、王宮に連れていかれた。カムサップは拷問され、シャフメランの居場

空と大地がふれ合う彼方
過去からの旅人を呼んでいる道

久保田早紀作詞・作曲『異邦人』

所を教えてしまう。

捕まったシャフメランは殺されて、食べられてしまい、王様の命は救われた。

この物語は日本の昔話にもよくある異類婚姻譚の形式をとっている。女神であるシャーマランは自分の体を犠牲にして国を救ったことになっている。

地下にひそむ蛇神が国の一大事になると救ってくれるという根深い蛇信仰を象徴している。

パキスタン夢紀行

▼インダス文明について

二〇一五年三月にパキスタンを旅した。パキスタンといえば、インダス川沿いに栄えたインダス文明をイメージする。

世界四大文明の一つといわれているインダス文明が最も栄えたのは、紀元前二六〇〇年から一八〇〇年頃である。インダス文明はエジプトやメソポタミアや中国とは全く異なる文明を築いていた。遺跡からは戦争のための武器は出土しておらず、日本の縄文文化と類似している。被葬者の墓の規模にあまり格差がなく、平等な社会が成立していたようである。

インダス文明で最も大きな都市遺跡の一つモヘンジョダロは、今から四五〇〇年前に栄えた都市で、高度な計画都市だった。

縄文社会が「森の文明」なのに対し、インダス文明は「水の文明」といえ、治水技術の獲得によって成立した文明である。インダス川が増水することを想定して、そのときに、取水路を通してダムに貯水し、農業用水として利用した。そして、その水をプールなどに集めて沐浴《もくよく》をして水神に感謝したのである。水に対する信仰によって、平和な社会が成立していたことが重要である。

インダス文明が亡んだのはメソポタミア文明と同様に砂漠化なのか、世界的な気象の変化か、アーリア人の侵略なのかはわからない。ただ、彼らは東へ移動した。そしてガンジス川で沐浴することによって神聖な水信仰を守っているのだ。

インドには多くのインダス文明の後継者がいるらしい。彼らの水信仰は蛇信仰と習合しており、この習合は世界各地で見られる。私は、この習合した蛇信仰が「ウロボロス」や亀と蛇が合体した「玄武」などの姿としても表現されたのだと思う。やがて、それは世界に伝わり、高句麗や日本にも伝わった。

インダス文明は日本において甦《よみがえ》ったのだ。

▼日本仏教とガンダーラ

私はパンジャーブ州のタキシラの町へ向かう。日本の京都のような古都で、仏教が成熟した中心的都市であった。

ガンダーラ王国は紀元前六世紀から紀元後十一世紀まで存続していた仏教国である。紀元後一世紀から五世紀の期間に、中央アジア土着のクシャン人によるクシャーナ朝が成立。クシャーナ朝はすばらしい政治を行い、その支配下でガンダーラ王国は最盛期を迎えた。日本では、卑弥呼が邪馬台国を統治していた時代である。

　真の仏法で政治がなされた平和国家だったようだ。そして、実に人間味ある仏像を多く残している。ここで最も重要なことは、ガンダーラ仏や装飾品がやさしくて耽美的なのは、古代ギリシャやローマの彫刻の影響を受けていたからである。いわゆるヘレニズム文化であり、東西文化の融合によってなしえたものだ。

タキシラのシルカップ遺跡。ヘレニズム文化のシンボル的な遺跡である

　アレクサンダー大王はアケメネス朝ペルシャを崩壊させたが、ペルシャやガンダーラの民衆に対しては温厚だった。アレクサンダーの死後、元兵士たちがタキシラの街づくりに参加したらしい。

　タキシラの都城跡にシルカップ遺跡がある。そこにある「双頭の鷲」と呼ばれる仏塔の基壇（上の写真）には、イランやギリシア、インド的な要素が混在し、東西文化の融合を表すレリーフが描かれている。元来、仏教は異なる信仰も受け入れる寛容さ、寛大さがあった。

　私がガンダーラ仏とはじめて出会ったのは広島県の瀬戸田町にある平山郁夫美術館だった。瀬戸内海の小島だが、風光明媚で平山郁夫の出身地である。彼もガンダーラ仏に傾倒して、ガンダーラ地方へは長期間にわたって旅している。私はこの美術館で見たガンダーラの仏像のやさしさに感動したのだ。そして実際に、ガンダーラで仏像を見たいと願っていた。その夢を私は実現したのである。

　ガンダーラ地方では梵字とそっくりのカーロシュティー文字を多く見かける（梵字の石碑は英彦山や山形の羽黒山など、日本にも多く残存している）。ガンダーラ仏は姿形を変化させながら中央アジアから中国や朝鮮、そして日本へ伝わったのだろう。

フンザ地方の蛇伝説

　パキスタン北部フンザ地方のイシクゥーク近くにおいて、バーバーグーンディが九つの頭を持つ蛇族の首領を退治したという。その聖廟（ダルガー）がある。現地でガイドをお願いしたムムターズさんの説明によると、同じくフンザ地方のカンピールデオル（おばあさんの村という意味）にも蛇伝説がある。近くに湖があって大蛇が棲んでいた。村人たちは大蛇にミルクと肉をささげなければならなかった。そして女の子がいけにえにされていた。そこで英雄が現れて大蛇を退治したという。これもペルセウス・アンドロメダ型神話に分類することができる。

インダス川の河川敷にて。薪を担ぐ老人

杏の花が咲き誇り、雄大な山々に囲まれたフンザの村はまさに「桃源郷」だった。満開の花、空の青、雲の白、花の香り、全てが美しく幻想的で、夢のような世界だった

地味なベールの下はあでやかな衣装をまとっており、手のこんだ洋服の模様などをさり気なく見せる。イスラム社会は派手な衣を羽織ることはできない

パキスタンで出会った人たち

自然と人間の文明が
向き合っていた時代の記憶

父親と娘

断崖に暮らす人たち。崖崩れするときは、はじめに小石が落ちてくるのだそうだ。
それに気づくと村人はすぐに避難所へ逃げる。

山には基本的に名前がない。地元の人達にとって、山は山でしかなく、ただそこにあるものだそうだ。あとからヨーロッパの登山家がやってきて、勝手に名前をつけていく。そうして名付けられた山がいくつかある。

ロバが荷物を運んでいる。先導する人間はおらず、彼らはゆっくりとした足どりで、自らの意志で進んでいる。私たち旅人には冷めた瞳をむける。

雪に覆われた山が陽の光を浴びて白く輝いている

山岳地帯ではイスラム教が入ってくる前はヤギが神様だった。蛇を食べるヤギの伝説をガイドから説明された。気候が温暖な時代は耕作が可能だったので、蛇が神様だったが、寒冷化の時代になると崖に上ってわずかな草を食べることができるヤギが神様になった。

屋根に飾られているヤギの偶像

ヤギが先導する

アフリカ・サバンナ紀行

▼タンザニアへ

今回の旅は、アフリカ・サバンナ縦断である。二〇一五年七月に出かけた。今回の主な目的はフォトサファリだ。二年前に購入した一眼レフのカメラを活用して、動物などの写真をたくさん撮ろうと思っていた。野生の動物たちがどんな生活をしているか知りたかったのである。イラン旅行のような歴史探求の旅ではなく、ゆったりと動こうと思った。

出発の一週間前に旅行会社から旅の行程表などが送ってきた。私は当然、細かなチェックをする。すると航空機の出発時間が行程表とEチケットで異なっていたのである。航空会社が変更したのだろう。変更したことを旅行社に連絡しなかった航空会社が問題なのかもしれないが、よくあることだ。

空港のカウンターにてチケットをもらったら出発時間、ボーディングタイム（搭乗時刻）、行き先などをチェックすることは大原則である。今回の旅も計画に六割の労力を費やした。旅というものは本来、計画することが本命であって、計画すること、想定すること、夢をみるために旅をするのかもしれない。

今回のアフリカ旅行で私がやってしまったミスをならべておこう。

①現地にて腕時計の時間あわせを五分ほど間違っていたこと。

②カメラなど入っていた手荷物を十秒ほど置きっぱなしにしたこと

③カメラのキャップをなくしたこと

④国立公園にて野鳥に餌をやってしまったこと。これは絶対にしてはいけないことだが、私はキャンプで食事中にパン切れを野鳥にやってしまった。すると五センチ程のきれいな小さな小鳥は私の弁当箱の中に入ってくる。私は感動したのだが、あとが大変だった。トビのような大型の鳥が上空を旋回してきた。弁当を丸ごといただこうとする。そのときに腕を引っかかれでもしたら一大事になっていた。旅行は中止になっていたかもしれない。サファリでは動物に食料を絶対に与えてはいけない。

⑤不必要なものを詰め込みすぎた。

このようなミスはあったけど進級試験だったらどうにか単位はとれただろう。

しかし①②のミスがことなきを得たからよかったものの、カメラなどが盗まれていたら落第になってしまっていた。そうなっていたなら私の人生そのものに大きなダメージを与えていただろう。

東アフリカの歴史

東アフリカとは、エチオピア、ケニア、タンザニアあたりのことだ。西洋人は近代になって、世界中で勝手に国境線を引いてしまった。いったい何の権利があって彼らは他所で国境線を引くのだろう。そこには国境線ではなくて、ただの地平線があるだけだ。

東アフリカの歴史のポイントを私なりにチェックしておきたい。

なんといっても、東アフリカは人類誕生の地。タンザニアのオルドヴァイ渓谷では約一八〇万年前の人類の石器文化が確認された。それから盛んに発掘が行われるようになった。エチオピアでは、約三一八万年前の人骨が発見され、ルーシーと名づけられた。

さらに、エチオピアのアファール盆地から、東京大学の諏訪元氏らによって、四四〇万年前の人骨が発見され、ラミダスと名づけられた。今日、人類の歴史は七百万年前とか八百万年前ともいわれている。人類の歴史でどのような種が栄え、滅んでいったのだろうか。そもそも地球の歴史は四十六億年というから、人類の歴史なんてしょせん最近の話だ。

さて、八世紀に入ると、アラブの貿易商がモンスーンを利用して渡航したと考えられる。彼らの舟はダウ船と呼ばれる木造帆船で、古代からアラビア海、インド洋で活躍した。

一四九八年には、ポルトガルの探検家であるバスコ・ダ・ガマがやってくる。一五〇五年には、ポルトガル人がアラブ人を追い出して、キルワ島やソファラに要塞を建設した。キルワ島はインド洋に浮かぶタンザニアの島で、ソファラは南部アフリカのモザンビークにある港町。金などの積出港として栄えたが、上流の森林の木が伐採されたことによって、港が泥に埋まったらしい。ちなみに、ポルトガル人が種子島に鉄砲を伝えたのは一五四二年のことだ。

その後、オマーンを支配するヤアーリバ朝が勢力を拡大すると、東アフリカからポルトガル人を追い出し、再びアラブ人が支配するようになった。アラブ人支配者は「スルタン」と呼ばれ、奴隷貿易や象牙貿易などで巨万の富を得た。

しかし、十九世紀になると、イギリスとドイツに征服され、さらに植民地支配が続く。そこで、一九〇五年から一九〇八年にかけてタンザニアで民衆によるマジ・マジ反乱が起きる。「マジ」とは「水」の意で、霊水を飲めば、銃弾に撃たれても死ぬことはないと信じられた。民衆は、ドイツ軍の銃乱射に対して、「蛇神ボケロ」を奉り、無防備同然で立ち向かったのである。アニミズム、自然崇拝の原点に立ち返ることによって民族が団結し、ドイツなどの帝国主義、侵略

マサイ族の女性（背後の木にぶら下がる丸いものはハチドリの巣）

アフリカの大地に悠然とそびえるキリマンジャロ山

主義に対抗した。この戦いで民衆十万人が犠牲になった。東アフリカにおける最重要の事件の一つである。今日では、銃などの武器が一般にまで広まって、ゲリラ兵士が横行している。

今回の旅行中、ボケロに関して尋ねたが誰も知らなかった。百年経つと歴史は消えてしまうのだろうか。知っていても語ろうとしないのかもしれない。タンザニアの独立は、一九五〇年ニエレレ大統領の指導のもとでなされた。

実は、明治時代に日本人がすでに東アフリカに住んでいた。その多くは「からゆきさん」と呼ばる女性たちだった。ザンジバルには十二名、モンバサには八名いたという。当時、小学校の教員の初任給が十円だった時代に一万円を故郷に送金していた女性もいたそうだ。彼女たちが本当の冒険家だったのかもしれない。一九三三年の時点で、東アフリカには五十四名の日本人がいて、その内に女性は二十一名だったそうだ（青木澄夫『アフリカに渡った日本人』）。

『アフリカの民話』という本の中で、「七つ頭を持った蛇」という伝説を紹介している。英雄となる若者が大蛇のしっぽを切ると美しい娘が出てきたという。この話もペルセウス・アンドロメダ型神話に分類できる。

キリマンジャロのふところにたたずむ野生動物たち

関西空港から中東のオマーンの首都ドーハを経由して、タンザニアのキリマンジャロ空港へ向かう。タンザニアに近づくと機内から高くそびえる山が見える。キリマンジャロだ。標高は五八九六メートルで、赤道直下にもかかわらず山頂は常に雪で覆われている。キリマンジャロは現地語で「白く輝く山」という意味だ。最高峰は「ウフル」と呼ばれており、「自由」という意味がある。

さて、私は南半球に足を踏み入れたのだ。南半球への最初の一歩はなにげないものだが、私にとっては最初で最後になるかもしれない記念的なものだろう。私は広い大地の上にしっかりと足を踏みしめた。私がアフリカの大地に立ったときに最初に感じたことは、からっとしていて涼しいことであった。なにしろ標高が一〇〇〇から二〇〇〇メートルあり、アフリカでも高地なのだ。そして赤道付近からの季節風を受けたモンスーン気候により雨が多い。

アルーシャのインパラホテルの屋上から

アフリカに着いて現地の人に会ったら最初に「ジャンボ」という。「こんにちは」という意味だ。

我々が最初に泊まったホテルはアルーシャにあるインパラホテルだった。八階建てで高級そうな家具や絵画が目につく。泊まるのは外国人ばかりだそうだ。敷地はいくらでもあるのに、どうして高層ホテルにしなければならないのだろうか。地震対策、防火対策は施してあるのだろうか。私はじっくり観察して、見上げると屋上に人がいるのに気づく。私は現地旅行会社の日本人オーナーに相談したら、ポーターが特別に案内してくれた。森に囲まれた町が三六〇度見わたせて感動的だった。日本の新緑に囲まれた街のような風景に見えるが、やはりどこかが違う。ここはアフリカなのだ。そんな感傷がとてもうれしかった。私はこの風景を見て心が安らいで、今回の旅もなんとかなると確信した。

現地旅行会社の方は日本人女性で、タンザニアにあこがれ、マサイの人と結婚して旅行社を設立したのだ。どんどん新しい世界を開拓している人がいる。

夜、寝るときに冷暖房はない。必要ないのである。しかし換気扇がない。アルナチャールの旅では標高二八〇〇メートルのホテルなのに暖房はなく換気扇だけはあった。私は換気扇をつけっぱなしにしたために体調をこわしてしまった。夜中、私はこの部屋に蚊がいたので、蚊取り線香を焚く。今回の旅の初日はベットで休めて熟睡だった。

しかし、夜中に目覚める。蚊取り線香の煙が充満して息苦しくなったのである。換気扇がないから当然である。私は疲れていたが立ち上がり、換気しなければ窒息してしまうと気づいた。私は蚊取り線香を消して、入り口のドアの開け閉めを繰り返して換気をしたのである。気持ちがゆるんでいるときに油断したら大変である。ちなみに、蚊取り線香に使われている除虫菊の多くは、日系企業がケニアなどで栽培しているそうだ。

海外旅行において、特に前半は体調管理が重要である。大阪からドーハまでの

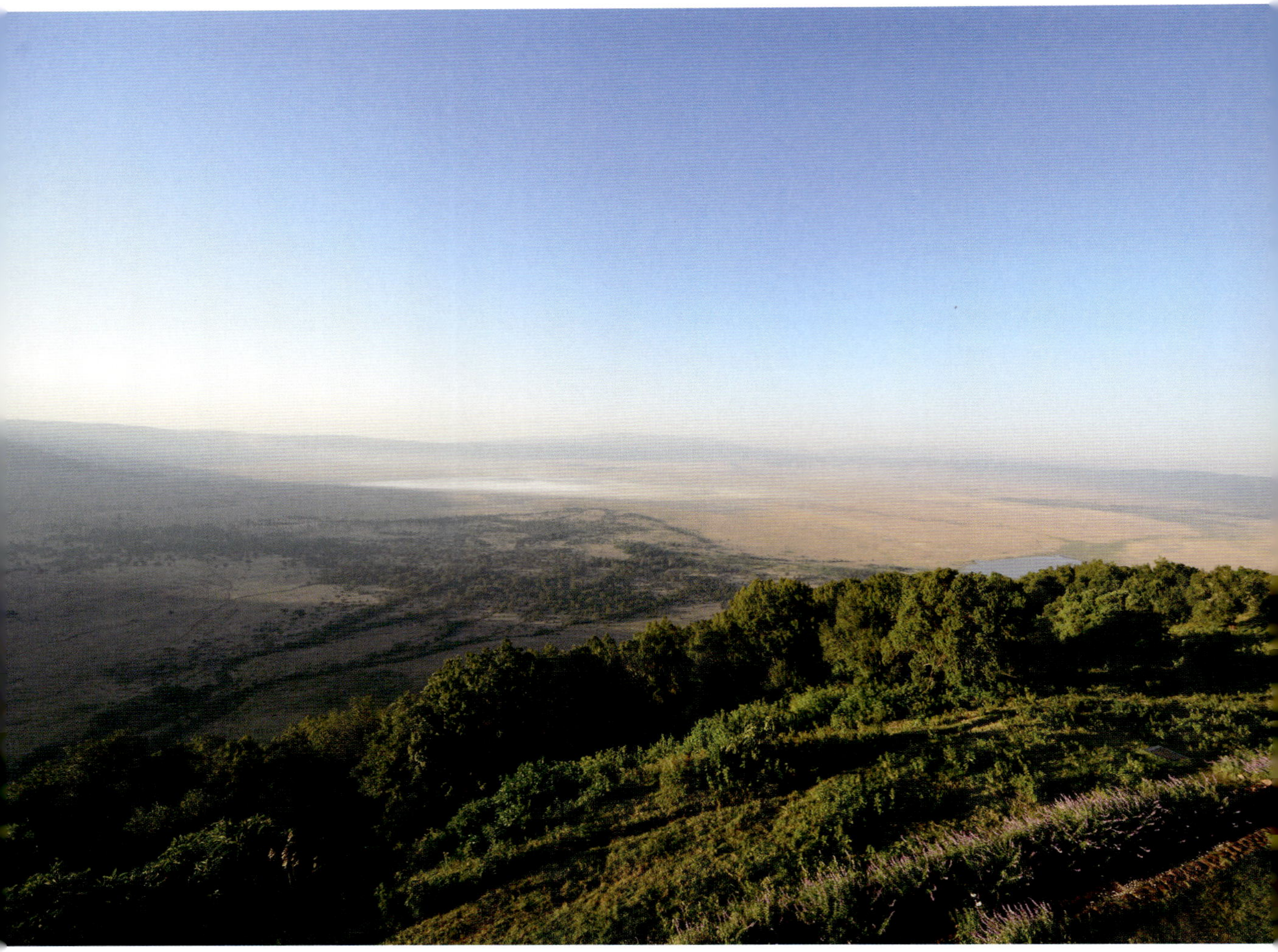

ンゴロンゴロ自然保護区をとり囲む外輪山から、眼下の大平原をながめる

航空機内では冷房が効きすぎて寒かった。私は防寒用のセーターを持ち込んでいたので事なきを得たが、航空会社によっては毛布の貸し出しがない。機内が寒いので客室乗務員をベルで呼び出すと、ただにっこりするだけで、二度目に呼ぶと無視された。

ホテルにて添乗員のRさんから受けた注意は、「電気は二十三時から五時まで切れます。しかし二十二時で切れることもあります。海外旅行ではよくあることなので、イライラしないよう注意しましょう」。

郷に入れば郷に従えばいいのだ。

現地の食事は日本人の口に合わないものが多い。アフリカだけでに限らず、どこの国でもそうだ。パンとかデザートはおいしい。カップ麺、しょうゆ味の小魚干物などは持参しておくべきだ。お昼に町のレストランなどで食事をする場合も、当日の朝に持ち込みのレトルト食品をボイルしておいて昼食にすればいい。夕食のときに私は持参のカップラーメンを食べていると参加者から羨望と嫉妬と怪訝《けげん》

ポーズをとってくれるチーター

アフリカ象の母と子。とても優しい目をしている

な視線を受けてしまった。

サファリカーに乗って野性の王国へ

　私たちはサファリカーに乗って、野生生物保全地域（CA）に指定されているンゴロンゴロ自然保護区へ向かう。宿泊したアルーシャの町から大地溝帯（グレートリフトバレー）の壁に沿って一八〇キロ走る。大地溝帯とはアフリカを南北六〇〇〇キロを縦断する大断層である。

　ンゴロンゴロとはマサイ語で「大きな穴」という意味だそうで、この保全地域は、数百万年前にできた巨大なカルデラの中にある平野に広がっている。阿蘇のカルデラとほぼ同じ大きさである。その淵にあたる外輪山からの眺めは壮大で、絶景スポットである。阿蘇の大観望をイメージしてほしい。そして、ここはアフリカの大自然で、外輪山の裾野に降りると、ゾウ、シマウマ、ヌー、バッファロー、ライオン、チーター、キリン、カバ、ハイエナなど多くの動物たちを容易に観察できる。三六〇度の草原の中で肉食動物と草食動物、野鳥たちが隣り合わせで平和に暮らしている。ゾウの背中に野鳥が乗っている。彼らはゾウにとって大切な仲間である。

　乾季で水が無くなったときに、動物たちは大移動するが、ゾウには水の在りかを感知する特別な能力があるといわれている。渡り鳥の飛ぶ方向を観察して移動することもあるだろう。

　ちなみに、福岡市動物園のゾウは観察している人間に対して鼻から水を吹きかけてくる。愛情の表現なのか、おちょくっているのか、ストレス発散なのかは不明である。

　アフリカゾウの耳の形はアフリカ大陸そっくりである。暑いときには団扇《うちわ》の代わりにする。おかあさんゾウはおっぱいも大きい。

　平和な世界。これを楽園と呼んでいるのだ。病気や怪我した動物はほとんどいない。そのような動物は、すぐにライオンなどの食料になってしまうからだ。引きこもりの若者はいない。引きこもる場所がないのだ。学校や病院もない。食料は無限にあるので、会社などに出勤しなくてもいい。成長すると、すぐに繁殖して次の世代に命をつなぐ。ライオンなどの交尾は二、三秒で終わってしまうので、風俗産業もない。しかし、カバなどは数時間交尾したままらしい。

ライオンやチーターは人間が集まるようなところでも、ゆっくりとくつろいでいる。カメラを向けても、ほとんどポーズはとってくれない。わずか一本の草が顔の中心を隠している。写真は撮れるが残せるような写真は撮らせてくれない。間違いなく観光に来た人間をおちょくっている。大きなあくびをするか、うたた寝ばかしている。たまに人間を観察するかのように振り向いてくれる。我々はこの瞬間とばかりにシャッターを切る。しかしまたすぐに大あくびをしてうたた寝がはじまるのだ。私たちが動物たちを観察しているのか。動物たちが私たちを観察しているのか。どっちなのだろうか。私は現地ドライバーにいう。

「I come to be observed from animal and others.（私は動物やほかのものから観察されにきた）」

ドライバーはにっこりしていた。

シマウマなどの草食動物も人間の車のかなり近くまで来てくれる。最初は人間の方を向いているが、いざ写真を撮ろうとするとうしろを向きしてから、草を食べる。そんなに人間から写真を撮られるのが嫌だったら、離れたところでくつろげばいいのにと思った。

アニメのようなメルヘンな世界である。シマウマ、インパラ、グランドガゼルなどサバンナの草食動物の寿命は十年から十二年である。十年というのは短いようだが、彼らにとっては永い。それ以上に生きるのは退屈なのかもしれない。二年目から繁殖活動をして性のプロセスをマスターしている。

サバンナの環境や四季も感知して、サバンナでやることはやりつくしているのだ。輪廻転生などという宗教、哲学を説教されなくてもいい。無限の食料を採ることが可能である。みんな個性的な体形と毛皮を着ているので服などを買う必要はない。つまり彼らにとって十年以上、生きる意味がないのである。

ここサバンナは限りなく草原が続く。肉食の動物と草食の動物、そして野鳥などが隣り合わせでくつろいだ暮らしをしている。

私たちが観察していると、寝そべっていたチーターがのっそりと起き上がり、インパラの群れの方へ進む。チーターが捕食するところを写真に撮れるかと期待してドライバーに尋ねると、襲わないという。腹のふくらみ具合からして、満腹だからだそうだ。肉食の動物たちは満腹のときは決して襲ったりしない。たくさんの人間の観光客のためにデモストレーションしてくれたらしい。

私は、このような風景を想定してなかった。手塚治のジャングル大帝のような世界である。実はこれが現実だったのだ。まさにエデンの園である。私はこの風景を観察して、はるばる日本からアフリカまで来てよかったと思った。

ケニアで獣医をしている神戸俊平氏はこのような風景を「生き物たちの完全さ、

美しさ」と表現している。動物たちの脅威は人間の密猟者である。サイの角などは黄金よりも高価である。密猟者は、捕まって殺されてもいいからお金を得ようとするのだ。実際にシロサイは密猟者によって絶滅寸前である。日本では貴重な野鳥のトキであるが、ケニアではごく自然にクロトキなどがいる。

強靭なマサイの男たち

マサイ族の村を訪問

マサイ族はケニア、タンザニアに居住し、牛や羊などを放牧する遊牧民である。マサイ族とはいかなる民族なのか。マサイ族の本質的で大切な伝説をガイドが話してくれた。

昔、神様は三人の息子に授けものをした。一人目には畑を耕すための鍬《くわ》と作物を。二人目には弓と矢を。三人目には家畜を持たせた。マサイ族はその三人目である。よってマサイ族は農業をしなくて牛を飼う。弓と矢では捕獲しないし、戦争もしないが、槍で捕獲と戦いはする。

マサイの人口は三十万人程度であり、勇敢でプライドが高い民族だといわれている。政府は彼らを国のシンボルとしていて、優遇対策をとっている。男女ともにおしゃれであり、色とりどりのビーズでつくった首飾りなどをしている。私たちは、マサイ族のマニマッタ村を訪問した。あらかじめ一人当たり四〇ドル支払っているので写真は撮り放題である。一般のマサイ族を隠し撮りするとすごく怒られる。「金をよこせ。お前ら俺の写真を撮って売るのだろう」と。

村に入るとすぐに歓迎の踊りがはじまる。彼らは「ナイナイナイ（おお神様）」などと繰り返す。このようなパターンはパプアニューギニアの旅でも同様だった。歓迎というよりも、お金を得るためにするダンスショーである。

次にマサイの人たちがヌガイエヌガイ（神の家）と呼ぶキリマンジャロから集めた薬草を紹介する。それから火おこしの実演である。

この村の酋長は昨年亡くなった。今は末の息子のパトリック君が酋長候補として仕切っている。まだ若いので、奥さんは二人しかいない。マサイでは、末の息子が後継者になるという決まりがある。世界的に見ても、遊牧民は末男が家督を相続することが多いらしい。同居している兄弟親戚は五十五名ほどだそうだ。

村のことは「ボマ」という。周辺をとげのある植物で囲い、夜は牛たちを中に入れて猛獣の襲撃を防ぐ。家屋は円形で壁は木の枝と牛などの糞と泥とワラを混

マニマッタ村のパトリック君

マサイの家。ワラと泥と牛のフンでできている

ぜて固めている。牛は自然の草しか食べないので糞は全く臭くない。屋根は糞などを焼いて固めたものを塗っている。壁には小さな穴があるがこれが窓である。私たちは家の中も見学させてもらった。魚肉や野菜などは食べないで、牛の生き血と牛乳と動物肉が主食だそうだ。牛の生き血を摂取しているので、野菜などを食べなくてもミネラルは摂取できている。生き血は牛の静脈から少しずつ、必要な分だけ抜き取る。

伝統衣装は赤系が多い。彼らの黒光りしている肌と赤色はよくあって情熱的だ。今では人が死んだら土葬するが、昔はサバンナに放置して動物たちに食べてもらっていたという。イランや中央アジアの鳥葬のようなむずかしいことはしない。

飲料水は五キロ先まで汲みに行っている。数年前にドイツ人が井戸を掘ってくれた。しかし、ポンプが壊れたままである。おそらく吸水管がエアー漏れしているだけのようだったが、私がここに留まって修理してあげる時間的な余裕はなかった。

継続的な援助がなければ意味がなく、逆効果になってしまう。同様に、お金そのものをプレゼントするだけでは、逆効果になる。お金の魔力によって村が崩壊してしまうかもしれない。現実に彼らは、お金を限りなく求めてくる。現地通貨ではなくて米ドルである。

薬草の説明や火おこしの実演などが終わると、今度はバザーに案内される。何を買え、これを買えという。次にプレハブの小さな学校を案内される。そして子供たちに教科書を買うお金を寄付してくれという。私は英会話ができるマサイの若者に尋ねる。「あなたがたにとって最も大切なことは何ですか?」。すると、「ここに留まって、ここでみんなが楽しむことだ」と答える。私はさらにほかに大切なことは何かと尋ねると「牛をたくさん持つことだ」と答える。彼はずばり「お金」だとは答えなくて、私はベストアンサーだと思った。しかし、彼らにとってお金がとても大切なものになっている現実が私には衝撃的だった。

そして、パトリック君から逆に質問さ

ライオンのすべてを悟ったかのような表情

草原に立つライオン

れた。「日本人は本当に一夫一婦制なのか」。私はそうだと答えると、不思議そうな顔をしていた。

今、サバンナは急速に砂漠化しているそうだ。気象異変もあるだろうが、過剰な牛の放牧によって若草が生育できないことも大きな要因らしい。金がほしい、もっと文明的な生活をしたい、という限りない欲望によって過剰に放牧する。その欲望の結果、砂漠化して、逆効果になっている。

早朝のゲームサファリは最高だ

夜明けとともにサファリカーに乗ってドライブする。これをゲームサファリという。地平線からの日の出も最高だった。見わたす限りの平原。ひたすらサバンナの草原を走る。朝一番のドライブはホコリが舞ってないので空気が澄んでいる。サファリカーなので天井を開放している。三六〇度地平線で、草原を走ると、ほのかな草の香りを感じることができる。

快感である。どのように表現していいのかわからないが、最高である。

正直にいって、こんな快感を体験できるなんて全く期待していなかった。本当に私がこの広大なサバンナを独占しているように感じた。この瞬間が私の今回の旅のクライマックスだったかもしれない。

限りなく地平線が続く。はるか先にはヌーの群れが連なっている。私はこの地平線は「ヌー平線」だと表現した。参加者は「いいね、いいね」といってくれた。そんな気分のときに参加者Rさんがいう「ヌーの大好物はなにかご存じですか?」。一同は考え込む。するとRさんいわく。「カップヌードル」一同は一瞬しらけたが「いいね、いいね」といった。

宿泊したロッジでの生活も快適だった。部屋の窓からは野生動物をウォッチングできる。サファリの中にあるロッジだ。猿のバブーンたちがたわむれている。サバンナの風を全身に浴びながら、私は自然と一体化するような錯覚に陥った。

サバンナグラスの香り

草原を吹き抜ける風
サバンナグラスから放たれる
大自然のエキス
さわやかな風が
私の体をすり抜ける
サバンナグラスの香りを
肌で感じる
さわやかな風に乗って
ほのかな香り
私はサバンナと一体になる
私の魂は宙に舞った

TRAVEL IN MY DRAUGHT

You are still at a loss your way.
You should call salvation in your heart.
We can not answer...... this is reason......
We go on a wander trip.
Still I shink ...... it' s good......
Still I shink...... Unnecessity of answer......
Nothing but the sidewalk in search.
I would like to cover draught in my heart.
Nobody can not watch in my draught.
I would like to cover my draught.
Rerson of my travel is cover in my draught.

すきま風の旅

あなたは　まだ
さ迷ってますね
自分の中の神に
救いを求めるしかありません
答えを出し切れてないから
旅をするのです
それでいいのです
答えを出す必要はないのです
ただ求め続けていれば……
私はただ
心の隙間を埋めたいだけです
私の心の隙間を
他人が知りえるはずはありません
心の隙間を
埋めるためにがんばってます
心の隙間を
埋めるために旅をするのです

▼アフリカ旅行のエピローグ

私は今、地球という星の上に立っている。そして昨日まで日本にいたのに、今日は南半球にいる。植物を観察していると、日本と同じようなバリエーションがあることが驚きだった。野鳥も同様で、トラツグミ、ヨダカ、ヤツガシラ、ゴイサギ、スズメなど、多少色合いや鳴き声は異なるが、同種であることは間違いない。日本と一万キロ以上離れているに相似であることの不思議さ。この地球という星の上で、まさに、我々は神によって創られたのである。神とはなにか。地球そのものが魂を持った神なのである。

「ガイア思想」というものがある。地球は一つの生命体なのだ。環境破壊をする人類は、地球という神を裏切ったのだろうか。この重大なテーマに私たちは気付かなくてはならない。そのテーマの啓示が十字架であったり、ウロボロスなのである。

草原に立つライオンの顔は勇ましく、恐ろしいのではなく、やさしくてすべてを悟った高僧のようである。意外な発見だった。あの愉快な参加者Rさんいわく、「もしライオンに襲われたら尻尾を切って日本に持って帰ってもいいですか?」。参加者一同はまたしらけてしまう。これでいいのだ。

私たち人間は、この野生の王国（地球の楽園）に入れてもらえるのだろうか。我々人類はすでにエデンの園を追放されてしまっているのだろうか。

『旧約聖書』創世記の第二章八節から第三章二十四節までの一部を私の解釈を加えながら引用してみる。

ヤハウェ（エホバ）は東の方のエデンに一つの園を設け、生命の樹と善悪の知恵の樹を地から生えさせた。善悪の知恵の樹からは食べてはならない。しかし、蛇が一番狡猾であった。蛇はアダムとイブをだまして知恵の樹の実を食べさせた。ヤハウェ神はアダムとイブをエデンの園から追い出した。

以上である。私は知恵の樹（所有欲の樹）とは鉄文明（火の文明）のことだと考えている。そして実は蛇はそれを食べないようにアドバイスしたのだと思う。イエス・キリスト（イーサ）も同様にアダムとイブに所有欲の木の実を食べずに生命の木の実を食べるようにアドバイスしたという伝承が真実であると考える。アナスタシス（復活）とは、イエス・キリストの復活ではなく、アダムとイブの復活を意味しているのではないだろうか。これは決して倒錯や曲解ではないと私は思う。

ヴァールブルクの『蛇儀礼』によると「楽園の木にいる蛇こそは、悪と罪を引き起こすことで、聖書における世界秩序の進行を決定した存在だからです。旧約聖書でも新約聖書でも楽園にいる木に巻きついている蛇こそは、サタンの力を持っていて、罪深い人間のいっさいの悲劇を引き起こし、そしてまた救済への人間の希望をも生み出したのです」とある。蛇は破滅と救済という両極性があるとい

サバンナに沈む夕日

う重大な問題を指摘している。
ヴァールブルクは、アメリカ先住民族のホピ族などを調査した人物として知られる。ホピ族では原始的な蛇信仰を残していて、蛇舞踏による蛇との神秘的な融合などを詳しく紹介している。ギリシャ神話の蛇を体に巻き付けて踊るマイナス（マイナデスの単数）に関しても述べている。前述したシャフメランとも関係すると考えられる。

人類の誕生。

それは森に住んでいた類人猿が山火事などの天変地異で、サバンナに追いやられたのではないかと私は思う。ひ弱だった人類がサバンナで生きるのは容易ではなかった。常にライオンなどの脅威にさらされていただろう。しかし、原始人類は生き抜いたのだ。猛獣が食べきれなかった肉を隠している場所を見つけて盗んだり、動物たちが食い尽くした骨を拾ってきて石で割って骨髄を食べたりしていたことが想定できる。実際にアフリカでは石器のようなもので骨髄を削りとった痕跡が発見されているそうだ。それを繰り返していると、人類は進化して親指が太くなり、ほかの指と対した。それによって棒をつかむことができるようになり、火をつけた松明を持ったり、それを武器にしたりすることもできるようになったのではないだろうか。

私の想像だが、猛獣が近づくと松明を振り回した。それによって猛獣は逃げたであろう。これによって人類はサバンナの嫌われ者になり、また恐れられたのである。しかし結局、人類は神の怒りを受けてサバンナを追い出されてしまった。これがエデンの園からの追放のようなものではないか。失楽園というものだ。我々は楽園に戻ることができるだろうか。コンクリートジャングルはもう人間の住むところではない。

サバンナで出会った動物たち

迫力満点の雄のバッファロー

バブーンのボスは筋骨隆々

サバンナの動物たちは、このアフリカの大地で、実にのびのびと暮らしていた。すべての命が生を謳歌する、ここはまさに失われたはずのエデンの園だった。

水飲み場で一息つくダチョウ

ハーレムを率いる勇壮な雄のインパラ

ハゲワシはサバンナの掃除屋

日本のイノシシより少し小さなイボイノシシ。牙のうしろと目の下にイボのような突起がある。尻尾が立っていることに注目

つぶらな瞳をしたキリン

陸上で最も早いチーター。古代アッシリアやシュメールなどで狩猟用として飼われていたらしい

主要参考文献一覧

〈国内編〉

夏目漱石著『文鳥・夢十夜・永日小品』角川書店、一九七〇年
楠山春樹著『淮南子』（中国古典新書）明徳出版社、一九七一年
二葉憲香・福嶋寛隆編『島地黙雷全集』第一巻（政教関係篇）本願寺出版協会、一九七三年
梁瀬義亮著『有機農業革命』ダイヤモンド社、一九七五年
安西冬衛『安西冬衛全集』第一巻、宝文館出版、一九七七年
安丸良夫著『神々の明治維新――神仏分離と廃仏毀釈』岩波書店、一九七九年
吉野裕子著『蛇――日本の蛇信仰』（ものと人間の文化史32）法政大学出版局、一九七九年
桑原武夫編『新井白石』中央公論社、一九八三年
峰山巌著、掛川源一郎写真『謎の刻画フゴッペ洞窟』六興出版、一九八三年
上野武著「手宮洞窟とフゴッペ洞窟」、『日本の遺跡発掘物語3――弥生時代1　東日本』社会思想社、一九八四年
西岡秀雄著『日本人の源流をさぐる――民族移動をうながす気候変動』セントラル・プレス、一九八五年
広野卓著『古代日本のチーズ』角川書店、一九九六年
司馬遼太郎著『オホーツク街道』（街道をゆく38）朝日新聞出版、一九九七年
今西祐行著『肥後の石工』岩波書店、二〇〇一年
後藤明『南東の神話』中央公論新社、二〇〇二年
西秋良宏・宇田川洋編『北の異界――古代オホーツクと氷民文化』東京大学総合研究博物館、二〇〇二年
菊池俊彦著『環オホーツク海古代文明の研究』（北海道大学大学院文学研究科研究叢書）北海道大学図書刊行会、二〇〇四年
菊池徹夫著「地域文化としての岩絵――北東アジアの中のフゴッペ・手宮岩面刻画」、早稲田大学アジア地域文化エンハンシング研究センター編『アジア地域文化学の発展――21世紀COEプログラム研究集成』（アジア地域文化学叢書Ｉ）雄山閣、二〇〇六年
安渓遊地著『西表島の農耕文化――海上の道の発見』法政大学出版局、二〇〇七年
大島秀俊著「手宮洞窟とフゴッペ洞窟壁画にみられる続縄文時代のシャーマニズムについて」、椙山林継・山岸良二編『原始・古代日本の祭祀』同成社、二〇〇七年
川村湊著『牛頭天王と蘇民将来伝説――消された異神たち』作品社、二〇〇七年
長井博著『牛頭天王と蘇民将来伝説の真相』文芸社、二〇一一年
長野正孝著『古代史の謎は「鉄」で解ける――前方後円墳や「倭国大乱」の実像』ＰＨＰ研究所、二〇一五年
瀬川拓郎著『アイヌ学入門』講談社、二〇一六年

〈海外編〉

アポロドーロス著、高津春繁訳『ギリシャ神話』岩波書店、一九五三年
伊藤義教訳「アヴェスター」、辻直四郎編『世界古典文学全集第3巻——ヴェーダ・アヴェスター』筑摩書房、一九六七年
一海知義・興膳宏訳『世界古典文学全集 第25巻——陶淵明・文心雕竜』筑摩書房、一九六八年
足利惇氏著『ペルシア宗教思想』国書刊行会、一九七二年
大林太良著『日本神話の起源』角川書店、一九七三年
五味亨ほか訳『筑摩世界文学大系1——古代オリエント集』筑摩書房、一九七八年
伊藤義教著『ゾロアスター研究』岩波書店、一九七九年
伊藤義教著『ペルシア文化渡来考——シルクロードから飛鳥へ』岩波書店、一九八〇年
梅原猛著『ギルガメッシュ』新潮社、一九八八年
矢島文夫著「イブをだました蛇——西アジアからヨーロッパへ」、小島瓔禮編著『蛇の宇宙誌——蛇をめぐる民俗自然誌』東京美術、一九九一年
青木澄夫著『アフリカに渡った日本人』時事通信社、一九九三年
安田喜憲著『蛇と十字架——東西の風土と宗教』人文書院、一九九四年
佐藤道子・堀池春峰・守屋弘斎編『東大寺お水取り』小学館、一九九六年
窪田蔵郎著『鉄から読む日本の歴史』講談社、二〇〇三年
岩村忍著『文明の十字路——中央アジアの歴史』講談社、二〇〇七年
慶世村恒任著『新版 宮古史伝』冨山房インターナショナル、二〇〇八年
ヴァールブルク著、三島憲一訳『蛇儀礼』岩波書店、二〇〇八年
島岡由美子文・写真、モハメッド＝チャリンダ絵『アフリカの民話 African folk tales ——ティンガティンガ・アートの故郷、タンザニアを中心に』バラカ、二〇一二年
マルコポーロ著、月村辰雄・久保田勝一訳『マルコポーロ東方見聞録』岩波書店、二〇一二年
水野一晴著「インド、アルナチャル・プラデシュ州のモンパ民俗地域における住民にとっての「山」のもつ意味」、「ヒマラヤ学誌」十三号、二〇一二年
James Cowan, Bronwyn Bancroft, Kun-man-gur : the Rainbow Serpent, Barefoot Books, 1994

おわりに

私は今までどうでもいいことは知っていましたが、知らなくてはならないことを知らずにいたかもしれません。

たとえば、ギリシャ神話の秘められた重大な歴史です。私はギリシャ神話に「ガイア思想」も黙示されていることを知りました。ゼウスが大洪水を起こして人類を滅ぼしました。生き残ったデウカリオーンが石を投げると人間の男が生まれ、ピュラーが石を投げると女が生まれました。しかし、それらはメドゥーサ（蛇神）に見つめられると元の石に戻ってしまいます。

これらの神話は人類に対して何を暗示しているのでしょうか。世界を席巻した鉄文明に対する秘かなアンチテーゼかもしれません。人類の歴史は大地の神（自然）と鉄の神（文明）の闘いと共存の歴史ということができます。近代社会はボタンの掛け違いをしてしまったために混乱しているのかもしれません。だったら、ボタンを掛けなおせばいいのです。自然と文明の共存・融合はありえないでしょうか。

古代ギリシャの哲学者プラトンは『国家論』の中で理想の国について説いています。そのような理想的な国をトマス・モアはユートピアと名づけました。私もそのような理想的な楽園を創ることができたらと思っています。プラトンの言葉を借りるなら、私たちが眼

にしているものは、洞窟の壁に映った影のようなものだそうです。
実体のない影に惑わされることなく、真に物事を認識し、理解する術を身につけたいと思います。
　最後までお読みいただき、ありがとうございました。

二〇一八年　吉日

夢野良平

写真＝上空からみた富士山

夢野良平（ゆめの・りょうへい）
本名長安達也。1957年７月23日、山口県下関市にて生まれる。下関西高等学校、島根大学農学部卒業。28歳のときに宗像市にて夢野農場を開き、ログハウスなどもつくる。前著『ちょっと旅に出て』（海鳥社）では16紙以上の新聞に取り上げられる。「石窯プロジェクト」として、子供たちに自然体験企画を20年続け、古代史座談会も定期的に開催している。
ホームページ
http://www.yumeno.server-shared.com
（「夢野農場」で検索）
メールアドレス
yumenonoujou55@cup.ocn.ne.jp

旅《たび》に出《で》て考《かんが》える　虹《にじ》と蛇《へび》と鉄《てつ》の神隠《かみかく》し
■
2018年9月25日　第1刷発行
■
著　者　夢野良平
■
発行者　杉本雅子
発行所　有限会社海鳥社
〒812-0023　福岡市博多区奈良屋町13番4号
電話092(272)0120　FAX092(272)0121
http://www.kaichosha-f.co.jp
印刷　モリモト印刷株式会社
［定価は表紙カバーに表示］
ISBN978-4-86656-036-6

JASRAC 出 1804938-801, 1704258-701